最新物流师职业资格认证培训考试指导书

生产物流管理
习题与解答

霍　红　张玉斌　主编

中国财富出版社

图书在版编目（CIP）数据

生产物流管理习题与解答／霍红，张玉斌主编．—北京：中国财富出版社，2014.6
（最新物流师职业资格认证培训考试指导书）
ISBN 978－7－5047－5187－4

Ⅰ.①生… Ⅱ.①霍… ②张… Ⅲ.①企业管理—物流—生产管理—资格考试—题解 Ⅳ.①F273.4－44

中国版本图书馆CIP数据核字（2014）第070749号

策划编辑 张 茜　　**责任印制** 方朋远
责任编辑 韦 京 禹 冰　　**责任校对** 饶莉莉

出版发行 中国财富出版社（原中国物资出版社）
社　址 北京市丰台区南四环西路188号5区20楼　　**邮政编码** 100070
电　话 010－52227568（发行部）　　010－52227588转307（总编室）
010－68589540（读者服务部）　　010－52227588转305（质检部）
网　址 http：//www.cfpress.com.cn
经　销 新华书店
印　刷 北京京都六环印刷厂
书　号 ISBN 978－7－5047－5187－4/F·2135
开　本 880mm×1230mm 1/16　　**版　次** 2014年6月第1版
印　张 7.75　　**印　次** 2014年6月第1次印刷
字　数 154千字　　**定　价** 25.00元

前　言

中国物流与采购联合会和全国物流标准化技术委员会根据国际惯例以及与国际接轨的要求，将职业资格认证交由行业主管协会负责，在全国统一推行物流师职业资格认证工作，其中“生产物流管理”模块是物流师中级考试的必考模块之一。

生产物流管理是保障生产顺利进行的一系列物流管理活动，生产物流受产品结构以及生产工艺特征的影响，因此生产物流管理有其独特的内容。“生产物流管理”模块学习的目的就是要学员通过学习，能够清楚地了解生产物流管理活动的内容，掌握生产物流管理的基本管理工具和控制手段，理解生产物流、销售物流和供应物流之间的关系，并结合其他模块的内容，建立起物流系统管理的总体思维框架。

模块教材《生产物流管理》各单元是按照生产物流的工作内容依次展开的：首先回顾物流管理的定义，了解生产物流涵盖的范围，生产物流管理的目标，生产物流与销售物流的关系；其次介绍生产管理的发展历程以及影响生产物流的几个重要的方面；最后进入生产物流的实质内容的学习，包括生产计划、采购与供应管理、生产物流计划、能力需求计划与系统布置、生产作业控制。

根据中级物流师考试大纲和考试题型的设计要求，并结合考试教材《生产物流管理》，我们编写了《生产物流管理习题与解答》。本书按照单元顺序编写了判断题、单选题、多选题、情景问答题、论述题、案例题等训练题及参考答案，可帮助广大考生巩固所学知识，熟悉考试的各种题型，快速把握该模块的学习要点和复习重点，为通过考试做好充分准备。

本书由霍红、张玉斌任主编，其中第一单元由詹帅编写，第二单元至第七单元由张玉斌编写，研究生张静、李雪、汪洋洋、商雅茹、姜曼参加了前期的资料收集和整理工作，全书由霍红统稿。

由于编者水平有限，书中难免有不当之处，恳请广大读者批评指正。

编　者

2014 年 1 月

目　录

试题篇

答案篇

试 题 篇

单元1
概　述

单元2
生产管理演变

单元3
主生产计划

单元4
采购与供应管理

单元5
生产物流计划

单元6
能力计划与系统布置

单元7
生产作业控制

单元1　概　述

本单元学习目标

通过对本单元的学习你能够：

1. 回顾物流管理的定义
2. 了解生产物流涵盖的范围
3. 了解企业生产物流管理的目标
4. 生产物流与销售物流的关系

一、判断题（本题型所包含的每道小题都只有正确或错误的一种答案，你认为正确的请在答题卡对应的题号上涂A，错误的涂B。）

1. 物流是指为了满足客户的需求，以最低的成本，通过运输、保管、配送等方式，实现原材料、半成品、成品或相关信息进行由商品的产地到商品的消费地的计划、实施和管理的全过程。（　　）

2. 物流是由物体的运输、配送、仓储、包装、搬运装卸、流通加工以及相关的物流信息等环节构成。（　　）

3. 物流活动的具体内容包括以下几个方面：用户服务、需求预测、订单处理、配送、存货控制、运输、仓库管理、工厂和仓库的布局与选址、搬运装卸、采购、包装、情报信息。（　　）

4. 在我国国家标准《物流术语》的定义中指出：物流是物品从供应地到接收地的实体流动过程，根据实际需要，将运输、储存、装卸搬运、包装、流通加工、配送、信息处理等基本功能实施有机的结合。（　　）

5. 物流中的“物”是物质资料世界中具备物质实体特点的物质资料。（　　）

6. 物流中的“流”是物理性运动，这种运动有其限定的含义，就是以地球为参照系，相对于地球而发生的物理性运动。（　　）

7. 物流中的“流”的范围是指地理性的大范围，而不是在同一地域、同一环境中的微观运动。（　　）

8. “物”和“流”的组合，就是一种建立在经济目的和实物之间的运动形式。（　　）

9. 在连续操作过程中不断地加入或排出的固体物料也可称为物流。（　　）

10. 在供不应求的时代，企业关注的主要内容是开拓市场、加强营销管理。（　　）

11. 在供大于求的时代，企业主要关注和解决好产品与市场之间的衔接问题，也就是产品从产地输送到市场中的管理问题。（　　）

12. 物流管理又可以细分为是对原材料的管理、半成品的管理和产成品的管理几个方面；

从企业的角度来看，也就是供应物流、生产物流和销售物流三个方面。(　　)

13. 在生产管理学中生产的定义是：生产是一切社会组织将它的输入转化为输出的过程。(　　)

14. 产业链上物流管理可以分为三个阶段：供应物流、生产物流及销售物流。(　　)

15. 供应物流也可以叫做产成品物流。(　　)

16. 供应链上，任何来自于上游的产品不论是何种形态，我们都称之为原材料的供应物流。(　　)

17. 生产物流管理的目标与其他物流管理的目标是不同的。(　　)

18. 销售物流面对的是独立需求的满足或者说是满足顾客。(　　)

19. 销售物流是对产成品在流通领域的管理和计划，包括对物料流、信息流和资金流的管理，以满足消费者的需求为目的。(　　)

20. 生产物流是对原材料、零部件与半成品在生产过程中的管理和计划，也涉及物料流、信息流和资金流的管理，以满足生产需求为目的。(　　)

21. 生产物流的目标是“7R”。(　　)

22. 生产物流和销售物流不同，两者之间没有什么联系。(　　)

23. 生产物流的可控性、计划性都很强。(　　)

24. 生产物流的改进只能通过对工艺流程的优化加以实现。(　　)

25. 生产物流一般是在企业的范围内完成，空间距离的变化不大，其主要目的是保障企业的生产活动顺利开展，它的关注点是生产本身，更多地服从于生产方式对它的制约与生产工艺和设备紧密联系。(　　)

26. 供应物流、生产物流以及销售物流，是产业链上的一个基本环节的构成，如果沿着产业链的上下游扩展开来看，产业链就是由这样一个个基本环节构成的。(　　)

27. 生产的特殊环境以及需求的特点决定了生产物流与销售物流的管理手段和工具等没有很大的差别。(　　)

28. 销售物流的需求判定较为容易进行计划。(　　)

29. 生产物流的关注点是生产本身。(　　)

30. 生产物流与销售物流和供应物流存在着紧密联系，因此研究生产物流离不开对销售物流和供应物流的了解。(　　)

31. 从供应链循环的角度来看问题，供应物流的管理内容是与销售物流相同的。(　　)

32. 生产物流管理需确定物料需求的时间和数量，而不需确定所需物料的来源。(　　)

33. 加工活动和物流活动是生产系统的两个支柱。没有加工，生产系统就失去存在的意义；没有物流，生产系统将会停顿。(　　)

二、单选题（本题型所包括的每道小题只有一个正确答案，请在给出的选项中选出正确答案。）

1. 物流活动的具体内容一般不包括以下（　　）方面。

A. 用户服务　　B. 需求预测

C. 工厂和仓库的布局与选址　　D. 能力计划

2. 在供需平衡时代，企业主要注重的是（　　）。

A. 生产管理　　B. 营销管理　　C. 物流管理　　D. 人力管理

3. 在企业内部为保障生产而进行的物流管理是（　　）。

A. 供应物流　　B. 销售物流　　C. 生产物流　　D. 原材料物流

4. 在产业链上物流管理可以被分成三个阶段：供应物流、生产物流以及销售物流，其中销售物流包括（　　）。

A. 在制品库存管理　　B. 产成品库存管理

C. 原材料库存管理　　D. 零部件库存管理

5. 生产物流的职能不包括以下（　　）方面。

A. 确定物料需求的时间和数量　　B. 物料的运输管理

C. 收集市场情报　　D. 生产线的物料配送时间、数量和地点

6. 供不应求的时代，企业关注的主要内容一定是（　　）。

A. 生产管理　　B. 营销管理　　C. 物流管理　　D. 信息管理

7. 从企业的角度来看物流管理可以细分为三个方面，其中不包括（　　）。

A. 供应物流　　B. 生产物流　　C. 企业物流　　D. 销售物流

8. 对产成品，从企业到客户手中的管理，是指（　　）。

A. 供应物流　　B. 销售物流　　C. 生产物流　　D. 在制品物流

9. 对原材料、零部件与半成品在生产过程中的管理和计划，也涉及物料流和信息流，但是基本上不涉及资金流的管理，以满足生产需求为目的，是指（　　）。

A. 生产物流　　B. 销售物流　　C. 供应物流　　D. 产成品物流

10. 对产成品在流通领域的管理和计划，包括对物料流、信息流和资金流的管理，以满足消费者的需求为目的，是指（　　）。

A. 生产物流　　B. 销售物流　　C. 供应物流　　D. 产成品物流

11. （　　）不属于生产物流的范畴。

A. 在制品储存　　B. 在制品库存控制

C. 原材料采购　　D. 原材料领取及配送

12. 生产物流也可以称为（　　）。

A. 在制品物流　　B. 产成品物流　　C. 原材料物流　　D. 分销物流

13. 在制品库存管理属于（　　）。

A. 供应物流　　B. 生产物流　　C. 销售物流　　D. 回收物流

14. 生产物流管理的目标不包括（　　）。

A. 正确的时间　　B. 正确的产品　　C. 正确的方式　　D. 正确的利润

三、多选题（本题型所包含的每道小题都有不止一个正确答案，请选出你认为正确的答案，错选和多选者本小题不得分，少选但选项正确的可得到相应的分数。）

1. 物流活动的具体内容包括以下（　　）方面。

A. 用户需求　　B. 需求预测　　C. 工厂和仓库的布局与选址

D. 装卸搬运　　E. 情报信息

2. 生产要素主要有（　　）。

A. 劳动　　B. 土地　　C. 资本　　D. 技术　　E. 企业家

3. 产业链上物流管理可以被分为（　　）。

A. 供应物流　　B. 客户服务　　C. 生产物流

D. 物流信息管理　　E. 销售物流

4. 生产物流的职能包括（　　）。

A. 确定物料需求的时间和数量　　B. 确定所需物料的来源　　C. 物料的运输管理

D. 物料的接收以及仓储管理　　E. 物料的库存计划和控制

5. 生产物流管理的目标是（　　）。

A. 正确的产品　　B. 在正确的时间、以正确的方式、按照正确的数量

C. 以正确的成本　　D. 送到正确的地方　　E. 交给正确的人

四、情景问答题（请简要回答下面的问题。）

1. 李先生是一家企业的物流主管，他想对本企业的生产物流进行优化，但生产物流与产成品物流不同，因此请你向他介绍一下生产物流的特点及如何能够完成生产物流的优化。

2. 汪先生是一家公司的培训负责人，在培训过程中介绍了供不应求时侧重生产管理、供需平衡时侧重营销管理和供大于求时侧重物流管理，请你替汪先生解释一下为什么会是这种情况。

五、论述题

1. 请阐述生产物流与销售物流的区别和联系。

2. 试述生产物流的职能。

3. 请阐述生产物流的目标。

六、案例题

随着经济全球化和国际分工的迅猛发展，中国正在逐渐成为一个大的制造基地，国内的制造企业数量已非常庞大，而其中大部分都是中小型的企业。目前，一个制约着中小制造企业发展的严重问题就是：生产制造过程越自动化，越柔性化，生产规模越大，物流系统落后的矛盾就越突出，生产制造系统的高效率与物流系统的低效率越来越不适应。因而，在中小制造企业中进行生产物流系统的现代化设计和改造，逐渐成为众多制造企业管理者的关注焦点。

总体看，国内中小制造企业的生产物流水平大致处于从机械化物流向自动化物流的转变过程中，同时，国内的一些大型企业已经认识到了物流系统的重要性，开始了一系列的具体行动，如上海通用汽车公司、青岛海尔集团的现代化物流体系，就是较为成功的案例，其生产物流系统成为其快速反应的柔性生产能力提升的重要保证，对国内制造企业具有一定的启示作用。但是，对于众多的中小制造企业，特别是对一些为大公司配套的汽车零配件制造企业来说，这样大规模的系统设计和改造，无论是从经济实力上，还是从管理能力上，都不是一个现实的方案。

湖北 AB 汽车零部件制造有限公司是外商独资的汽车 AB 系统的专业生产企业，是湖北省重要的汽车零部件生产企业之一。公司推崇“技术领先”理念，先后通过 ISO 9002、QS 9000 及 VDA6. 1 国际质量体系认证，公司年销售收入近 4 亿元，具有一定的经济和技术实力。

近年来，市场竞争日趋激烈，竞争对手的产品在工艺设计、产品性能和质量上呈现迎头赶上的态势，公司的市场份额不断被挤占；并且，国外汽车厂商大举进入汽车零部件市场，竞争也随之进入白热化阶段。在这种大的经营形势下，考虑到目前国内市场竞争态势，公司做出了重要的战略决策：为继续保持公司在国内市场的龙头地位，保持技术、市场领先优势，企业必须在战略方向、组织管理、产品设计、制造工艺等各个方面进行全面创新。经过周密筹划，公司开始了代号“03 工程”的新项目运作，以“开发生产国外刚起步的 AA 系列产品，为 BB 汽车有限公司的新型车项目进行独家配套，开拓新市场”为目标，以全新型的设备、工艺和最好的人员组建新分厂，力争为集团公司未来十年的发展打下坚实基础。其中，新厂的生产物流系统方案的设计、改造是“03 工程”的重要工作之一。

请为该公司生产物流系统总体方案提供思路。

单元1
概　述

单元2
生产管理演变

单元3
主生产计划

单元4
采购与供应管理

单元5
生产物流计划

单元6
能力计划与系统布置

单元7
生产作业控制

单元 2　生产管理演变

本单元学习目标

通过对本单元的学习你能够:

1. 了解生产管理的演变历程
2. 了解企业生产方式以及生产工艺对管理的影响

一、判断题（本题型所包含的每道小题都只有正确或错误的一种答案，你认为正确的请在答题卡对应的题号上涂 A，错误的涂 B。）

1. 不同的生产方式决定了物料管理中库存管理的方式的不同，不同的生产工艺决定了不同的管理控制技术的应用。（　　）

2. 不同的生产方式则生产管理方式不同；不同生产方式则管理控制技术不同。（　　）

3. 备货生产的英文缩写是 MTO。（　　）

4. 生产方式包括：备货生产、按订单装配、按订单生产、按订单设计。（　　）

5. 生产工艺包括：流水生产、离散制造、项目生产。（　　）

6. 有关生产方式的其他说法有：福特生产方式、丰田生产方式、精益生产、敏捷制造。（　　）

7. 经济订货批量的英文缩写是 SCM。（　　）

8. MRP 是指物料需求计划。（　　）

9. 20 世纪 60 年代随着计算机系统的发展，使得短时间内对大量数据进行复杂运算成为可能。显然计算机技术可以使企业进行更为复杂的生产计划，此时更为复杂的计划系统就被称之为 MRP 系统。（　　）

10. JIT（Just In Time）系统是由美国首先提出的。（　　）

11. 约束理论 TOC（Theory of Constraints）是通过解决提高瓶颈的效率来整体提高企业效率的理论。（　　）

12. MRP II 是制造资源计划。（　　）

13. 美国加特纳公司首先提出了企业资源计划 ERP 的概念报告。（　　）

14. 供应链管理就是指在满足一定的客户服务水平的条件下，为了使整个供应链系统成本达到最小而把供应商、制造商、仓库、配送中心和渠道商等有效地组织在一起来进行的产品制造、转运、分销及销售的管理方法。（　　）

15. 法约尔被人们称作“科学管理之父”。（　　）

16. 法约尔和马克斯·韦伯是管理组织理论的代表人物。(　　)

17. 巴纳德的主要贡献在于发现了非正式组织。(　　)

18. 法约尔被看作为第一个概括和阐述了一般管理理论的管理学家。(　　)

19. 现代管理学的诞生是以泰勒（F. W. Taylor）的名著《科学管理原理》以及法约尔（H. Fayol）的名著《工业管理和一般管理》为标志。(　　)

20. 菲利普·科特勒出版的《基础市场营销：系统研究法》一书，提出了系统研究法，认为公司就是一个市场营销系统。(　　)

21.《市场营销管理：分析、计划与控制》一书更全面、系统地发展了现代市场营销理论。(　　)

22. 营销管理就是通过创造、建立和保持与目标市场之间的有益交换和联系，以达到组织的各种目标而进行的分析、计划、执行和控制过程。(　　)

23. 菲利普·科特勒提出营销管理的实质是需求管理，还提出了市场营销是与市场有关的人类活动，既适用于赢利组织，也适用于非营利组织。(　　)

24. 大市场营销理论，即6P战略，6P指：产品、价格、分销、促销、政治权力及公共关系。(　　)

25. 战略资源学派认为构成企业环境的最关键部分就是企业投入竞争的一个或几个行业，行业结构极大地影响着竞争规则的确立以及可供企业选择的竞争战略。(　　)

26. 行业结构学派的创立者和代表人物是迈克尔·波特教授。(　　)

27. 波特创造性建立了五种竞争力量分析模型即：进入威胁、替代威胁、买方讨价还价能力、供方讨价还价能力和现有竞争对手的竞争。(　　)

28. 波特提出了赢得竞争优势的三种最一般的基本竞争战略：总成本领先战略、差异化战略、专一化战略。(　　)

29. 核心能力，就是所有能力中最核心、最根本的部分，它可以通过向外辐射，作用于其他各种能力，影响着其他能力的发挥和效果。(　　)

30. 企业的经营能否成功，已经不再取决于企业的产品、市场的结构，而取决于其行为反应能力，即对市场趋势的预测和对变化中的顾客需求的快速反应。(　　)

31. 在核心产品层面上，企业的目标应是在产品性能的特殊设计与开发方面建立起领导地位，以保证企业在产品制造和销售方面的独特优势。(　　)

32. 战略管理的主要工作就是培植和发展企业对自身拥有的战略资源的独特的运用能力，

即核心能力。(　　)

33. 在核心能力达到一定水平后，企业才能通过一系列组合和整合形成自己独特的、不易被人模仿、替代和占有的战略资源，才能获得和保持持续的竞争优势。(　　)

34. 供应链是指围绕核心企业，通过对信息流、物流、资金流的控制，从采购原材料开始，制成中间产品及最终产品，最后由销售网络把产品送到消费者手中。(　　)

35. 按订单装配是在对市场需求量进行预测的基础上，有计划地进行生产，产品有库存。(　　)

36. 备货型生产是按已有的标准产品或产品系列进行的生产，生产的目的是为了补充库存。(　　)

37. 面向订单装配是近年来在多品种中小批量生产企业中逐渐发展起来的一种生产组织方式，也是今后的一个主要发展方向。(　　)

38. 交货提前期是指一个客户从发出订单到收到货物的时间，称为订货提前期；而对于供货方，这段时间称为订货周期。(　　)

39. 订货周期（订货间隔期）是指两次订货的时间间隔或订货合同中规定的两次进货之间的时间间隔。订货间隔期的长短直接决定了最高库存量，库存水平的高低，因而也就决定了库存费用。(　　)

40. 备货型生产是指在生产的最后阶段，用库存的通用零部件装配满足客户订单需求的产品。(　　)

41. 订货周期过短使得库存水平过高，订货周期过长会使订货批次增多，从而增加了订货费用。(　　)

42. 对于供货方而言，客户订货周期的缩短标志着企业销售物流管理水平的提高。(　　)

43. 面向订单装配的生产方式交货期短、库存水平低、基本没有成本库存，用较少的零部件库存来满足产品生产的需要。(　　)

44. 面向订单装配以一种简便的方法在一定程度上实现了大规模定制的思想。(　　)

45. 按订单设计是指按用户订单进行的生产。(　　)

46. 按订单生产是指最终产品在收到客户订单后才能确定。(　　)

47. 锅炉、船舶等产品的生产，属于订货型生产。(　　)

48. 按订单设计也被称为专项生产，即在接到订单后，才开始进行设计，并组织采购和

生产。(　　)

49. 按订单生产这种方式支持客户化设计，批量小的需求，其设计工作复杂。(　　)

50. 按订单设计的提前期长度与其他方式比最短。(　　)

51. 备货生产的提前期长度与其他方式比最长。(　　)

52. 采用不同的生产工艺的生产物流管理的难度和复杂性有很大的不同。(　　)

53. 照生产工艺进行分类，可以分为流程式的（也称为流水线的生产）、离散制造以及项目式的生产。(　　)

54. 流水生产的产品往往由多个零件经过一系列并不连续的工序的加工最终装配而成。(　　)

55. 离散制造是指生产对象按照一定的工艺路线顺序地通过各个工作地，并按照统一的生产速度完成工业作业的生产过程。(　　)

56. 流水生产的基础是由设备、工作地和传送装置构成的设施系统，即流水生产线。(　　)

57. 最典型的流水生产线是汽车装配生产线。(　　)

58. 流水作业的效率是最高的，也可以说是最成熟的生产方式，它是由项目生产或者离散制造演进而来的。(　　)

59. 加工和销售此类产品的企业可以称为项目生产企业。(　　)

60. 离散制造型企业一般都包含零部件加工、零部件装配成产品等过程。(　　)

61. 离散制造型企业中，有些企业偏重于零部件制造，我们称之为离散加工型企业；有些偏重于装配，我们称之为装配型企业。(　　)

62. 项目生产是指在一定的约束条件下（主要是限定时间、限定资源），具有明确目标的一次性任务。(　　)

63. 项目不断地重复就慢慢转化为运营管理，根据产品的结构和生产过程的特点，经过一系列的改进，项目管理有可能变成离散制造或者流水生产。(　　)

64. 一次性是项目与日常运作的最大区别。(　　)

65. 项目有明确的开始时间和结束时间，项目在此之前从来没有发生过，而且将来也不会在同样的条件下再发生。(　　)

66. 项目的过程不具有自身的独特性。(　　)

67. 每个项目都有自己明确的目标。(　　)

68. 项目组织具有永久性。(　　)

69. 项目组织没有严格的边界。(　　)

70. 在某种意义上福特生产方式就是典型的流水线生产工艺的具体体现。(　　)

71. 丰田生产方式是流水生产和离散制造的组合体。(　　)

72. 精益生产就是及时制造，消灭故障，消除一切浪费，向零缺陷、零库存进军。(　　)

73. 精益生产综合了大量生产与单件生产方式的优点，力求在大量生产中实现多品种和高质量产品的低成本生产。(　　)

74. 敏捷制造是美国麻省理工学院在一项名为“国际汽车计划”的研究项目中提出来的。(　　)

75. 敏捷制造是在具有创新精神的组织和管理结构、先进制造技术（以信息技术和柔性智能技术为主导）、有技术有知识的管理人员三大类资源支柱支撑下得以实施的。(　　)

76. 敏捷制造比起其他制造方式具有更灵敏、更快捷的反应能力。(　　)

77. 企业所处发展时期不同，其管理方式和手段不同。(　　)

78. 生产方式和工艺的不同，其管理方式和手段不同。(　　)

二、单选题（本题型所包括的每道小题只有一个正确答案，请在给出的选项中选出正确答案。）

1. 生产方式不包括（　　）。

A. 备货生产　　B. 按订单装配　　C. 按订单生产　　D. 流水生产

2. 生产工艺不包括（　　）。

A. 流水生产　　B. 离散制造　　C. 按订单设计　　D. 项目生产

3. 有关生产方式的其他说法种不包括（　　）。

A. 福特生产方式　　B. 项目生产　　C. 精益生产　　D. 敏捷制造

4. 经济订购批量的缩写是（　　）。

A. LP　　B. MRP　　C. JIT　　D. EOQ

5. MRPⅡ是（　　）。

A. 物料需求计划　　B. 企业资源计划　　C. 制造资源计划　　D. 经济订购批量

6. 主要集中在减少物料以及其他各方面的浪费的理论是（　　）。

A. JIT　　B. TOC　　C. FCS　　D. APS

7. 以解决提高瓶颈的效率来整体提高企业效率的理论是（　　）。

A. JIT　　B. TOC　　C. FCS　　D. APS

8. 美国加特纳公司首先提出了（　　）的概念报告。

A. 物料需求计划　　B. 制造资源计划

C. 企业资源计划　　D. 准时制的看板系统

9. 在满足一定的客户服务水平的条件下，为了使整个供应链系统成本达到最小而把供应商、制造商、仓库、配送中心和渠道商等有效地组织在一起来进行的产品制造、转运、分销及销售的管理方法，称为（　　）。

A. FCS　　B. APS　　C. DFM　　D. SCM

10. 被人们称作“科学管理之父”的是（　　）。

A. 法约尔　　B. 泰罗　　C. 韦伯　　D. 巴纳德

11. 以下不是经典管理理论的代表人物的是（　　）。

A. 乔治·道宁　　B. 泰罗　　C. 韦伯　　D. 巴纳德

12. （　　）被看作为第一个概括和阐述了一般管理理论的管理学家。

A. 法约尔　　B. 泰罗　　C. 韦伯　　D. 巴纳德

13. （　　）的主要贡献在于发现了非正式组织。

A. 法约尔　　B. 泰罗　　C. 韦伯　　D. 巴纳德

14.《基础市场营销：系统研究法》一书的作者是（　　）。

A. 彼得·德鲁克　　B. 迈克尔·波特　　C. 菲利普·科特勒　　D. 乔治·道宁

15. （　　）就是通过创造、建立和保持与目标市场之间的有益交换和联系，以达到组织的各种目标而进行的分析、计划、执行和控制过程。

A. 管理学　　B. 营销管理　　C. 行业结构　　D. 核心能力

16. 企业竞争战略理论涌现出的主要战略学派不包括（　　）。

A. 行业结构学派　　B. 核心能力学派

C. 战略资源学派　　D. 营销学派

17. 行业结构学派的创立者和代表人物是（　　）。

A. 彼得·德鲁克　　B. 迈克尔·波特

C. 菲利普·科特勒　　D. 乔治·道宁

18. 波特提出了赢得竞争优势的基本竞争战略不包括（　　）。

A. 总成本领先战略　　B. 差异化战略

C. 多样化细分战略　　D. 专一化战略

19.（　　）就是所有能力中最核心、最根本的部分，它可以通过向外辐射，作用于其他各种能力，影响着其他能力的发挥和效果。

A. 行业结构　　B. 核心能力　　C. 管理学　　D. 营销管理

20.（　　）认为，企业战略的主要内容是如何培育企业独特的战略资源，以及最大限度地优化配置这种战略资源的能力。

A. 行业结构学派　　B. 核心能力学派　　C. 战略资源学派　　D. 营销学派

21.（　　）是指围绕核心企业，通过对信息流、物流、资金流的控制，从采购原材料开始，制成中间产品及最终产品，最后由销售网络把产品送到消费者手中。它是将供应商、制造商、分销商、零售商，以及最终用户连成一个整体的功能网链模式。

A. 管理学　　B. 核心能力　　C. 营销管理　　D. 供应链

22.（　　）是在对市场需求量进行预测的基础上，有计划地进行生产。

A. 备货型生产　　B. 按订单装配　　C. 按订单生产　　D. 按订单设计

23. 下面（　　）不属于备货型生产。

A. 电器　　B. 标准件　　C. 锅炉　　D. 汽车

24. 当产品有许多可选特征，而客户又不愿等备料及生产所需的时间时，就可以采用（　　）生产计划方法。

A. 备货型生产　　B. 按订单装配　　C. 按订单生产　　D. 按订单设计

25.（　　）是指在生产的最后阶段，用库存的通用零部件装配满足客户订单需求的产品。

A. 备货型生产　　B. 按订单装配　　C. 按订单生产　　D. 按订单设计

26. 在多品种中小批量生产企业中逐渐发展起来的一种生产组织方式是（　　）。

A. 按订单生产　　B. 按订单装配　　C. 备货型生产　　D. 按订单设计

27. 下面不属于面向订单装配的生产方式特点的是（　　）。

A. 交货期短　　B. 库存水平低

C. 基本没有成本库存　　D. 有高度复杂的产品配置功能

28.（　　）是指按用户订单进行的生产。

A. 按订单生产　　B. 按订单装配　　C. 备货型生产　　D. 按订单设计

29. 可由用户提出各种各样的要求，并经过协商和谈判，以协议或合同的形式确认对产品性能、质量、数量和交货期的生产方式是（　　）。

A. 备货型生产　　B. 按订单装配　　C. 按订单生产　　D. 按订单设计

30. 以下属于订货型生产的是（　　）。

A. 电器　　B. 标准件　　C. 船舶　　D. 汽车

31. 指最终产品在收到客户订单后才能确定的生产方式是（　　）。

A. 按订单生产　　B. 按订单装配　　C. 备货型生产　　D. 按订单设计

32. 支持客户化设计，批量小的需求的生产方式是（　　）。

A. 备货型生产　　B. 按订单装配　　C. 按订单生产　　D. 按订单设计

33. 以下各种生产方式中相对来说提前期最长的是（　　）。

A. 备货型生产　　B. 按订单装配　　C. 按订单生产　　D. 按订单设计

34. 以下不是按照生产工艺进行分类的是（　　）。

A. 流程式生产　　B. 备货型生产　　C. 离散制造　　D. 项目式的生产

35. （　　）是指生产对象按照一定的工艺路线顺序地通过各个工作地，并按照统一的生产速度完成工业作业的生产过程。

A. 流水生产　　B. 按订单生产　　C. 离散制造　　D. 项目式的生产

36. 汽车装配生产线属于（　　）。

A. 流水生产　　B. 按订单生产　　C. 离散制造　　D. 项目式的生产

37. 零件在工序间的各种移动方式中，加工周期最长的是（　　）。

A. 顺序移动方式　　B. 平行移动方式

C. 平行顺序移动方式　　D. 周期都一样长

38. 按对象专业化原则建立生产单位适用于（　　）。

A. 单件生产　　B. 小批生产　　C. 大批生产　　D. 工程项目

39. 按工艺专业化原则组织生产物流，其优点是（　　）。

A. 生产系统可靠性高　　B. 可采用专业高效设备

C. 缩短生产周期　　D. 简化管理工作

40. 生产方式和生产工艺是生产物流研究过程中的基本分类，不同的类别决定了不同管理方式，以下属于生产方式分类的是（　　）。

A. 流水线生产　　B. 离散生产　　C. 备货生产　　D. 项目生产

41. （　　）的产品往往由多个零件经过一系列并不连续的工序的加工最终装配而成。

A. 流水生产　　B. 按订单生产　　C. 离散制造　　D. 项目式的生产

42. 以下不属于离散制造的是（　　）。

A. 生产资料生产的机械　　B. 电子设备制造业

C. 生活资料生产的机电整合消费产品　　D. 汽车装配生产

43. （　　）是指在一定的约束条件下（主要是限定时间、限定资源），具有明确目标的一次性任务。

A. 流水生产　　B. 按订单生产　　C. 离散制造　　D. 项目式的生产

44. 以下不属于项目的典型特征的是（　　）。

A. 有明确的开始时间和结束时间　　B. 重复的活动

C. 每个项目都不同于其他的项目　　D. 有自己明确的目标

45. 与连续性制造相关的管理技术不包括（　　）。

A. MRP　　B. JIT　　C. PERT　　D. TOC

46. 福特生产方式是典型的（　　）的具体体现。

A. 流水生产　　B. 按订单生产　　C. 离散制造　　D. 项目式的生产

47. （　　）的生产方式是流水生产和离散制造的组合体。

A. 福特生产方式　　B. 丰田生产方式　　C. 精益生产　　D. 敏捷制造

48. （　　）是美国麻省理工学院在一项名为"国际汽车计划"的研究项目中提出来的。

A. 福特生产方式　　B. 丰田生产方式　　C. 精益生产　　D. 敏捷制造

49. （　　）是将柔性生产技术、有技术有知识的劳动力与能够促进企业内部和企业之间合作的灵活管理集中在一起，通过所建立的共同基础结构，对迅速改变的市场需求和市场进度做出快速响应。

A. 福特生产方式　　B. 丰田生产方式　　C. 精益生产　　D. 敏捷制造

50. 把客户需求和企业内部的生产活动，以及供应商的制造资源整合在一起的一种全新管理方法，被称为（　　）。

A. ERP　　B. MRP Ⅱ　　C. MRP　　D. JIT

51. APS 是指（　　）。

A. 有限能力排产　　B. 高级计划排程系统

C. 面向制造的设计　　D. 计划评审技术

52. 以下生产类型中，生产重复程度最高的是（　　）。

A. 大批量生产　　B. 单件生产

C. 成批生产　　D. 多品种小批量生产

53. 与按订单生产相比，备货型生产具有的特点之一是（　　）。

A. 产品库存占用较小　　B. 产品属非标准产品

C. 产品属专用产品　　D. 产品属标准产品

54. 在生产过程中，零部件标准化程度较高，并可以事先制作的，在接到订单之后，将有关的零部件装配成顾客所需要的产品，这种生产方式属于（　　）。

A. 备货型生产　　B. 按订单装配　　C. 按订单生产　　D. 按订单设计

三、多选题（本题型所包含的每道小题都有不止一个正确答案，请选出你认为正确的答案，错选和多选者本小题不得分，少选但选项正确的可得到相应的分数。）

1. 生产方式包括（　　）。

A. 备货生产　　B. 按订单装配　　C. 按订单生产

D. 按订单设计　　E. 流水生产

2. 生产工艺包括（　　）。

A. 流水生产　　B. 离散制造　　C. 备货生产

D. 项目生产　　E. 按订单装配

3. 有关生产方式的其他说法包括（　　）。

A. 福特生产方式　　B. 丰田生产方式　　C. 精益生产

D. 敏捷制造　　E. 流水生产

4. 供应链管理包括的基本内容有（　　）。

A. 计划　　B. 采购　　C. 制造

D. 配送　　E. 退货

5. 经典管理理论的代表人物有（　　）。

A. 泰罗　　B. 法约尔　　C. 韦伯

D. 乔治·道宁　　E. 菲利普·科特勒

6. 以下属于波特创造性建立的竞争力量分析模型的是（　　）。

A. 进入威胁　　B. 替代威胁　　C. 买方讨价还价能力

D. 供方讨价还价能力　　E. 现有竞争对手的竞争

7. 波特提出了赢得竞争优势的一般的基本竞争战略是（　　）。

A. 核心能力战略　　B. 总成本领先战略　　C. 差异化战略

D. 专一化战略　　E. 资源战略

8. 核心能力具有（　　）特征。

A. 核心能力可以使企业进入各种相关市场参与竞争

B. 核心能力能够使企业具有一定程度的竞争优势

C. 核心能力应当不会轻易地被竞争对手所模仿

D. 核心能力特别有助于实现顾客所看重的价值

E. 核心能力有维持企业竞争优势的持续性

9. 以下属于备货型生产的是（　　）。

A. 家用电器　　B. 标准件　　C. 汽车

D. 锅炉　　E. 船舶

10. 面向订单装配的生产方式的特点有（　　）。

A. 交货期短　　B. 库存水平低

C. 基本没有成本库存　　D. 用较少的零部件库存来满足产品生产的需要

E. 资金占用少

11. 以下属于按订单生产的是（　　）。

A. 家用电器　　B. 标准件　　C. 汽车　　D. 锅炉　　E. 船舶

12. 按照生产工艺进行分类生产方式可分为（　　）。

A. 流程式生产　　B. 备货生产　　C. 离散制造

D. 项目式的生产　　E. 按订单设计

13. 下面属于离散制造的产品的企业的是（　　）。

A. 属于生产资料生产的机械制造业　　B. 电子设备制造业

C. 属于生活资料生产的机电整合消费产品制造业　　D. 集成电路制造业

E. 药品及食品制造业

14. 以下属于项目具有的典型特征的是（　　）。

A. 一次性

B. 每个项目都有自己的特点

C. 每个项目都有自己明确的目标

D. 项目开始时需要建立项目组织

E. 项目具有较大的不确定性

15. 下面属于流程型的生产类型的是（　　）。

A. 化工　B. 造纸　C. 制药　D. 炼油　E. 家电

16. 下列属于按工艺专业化形式组织生产物流的适用条件的是（　　）。

A. 生产规模不大

B. 生产专业化程度低

C. 产品品种稳定

D. 单件小批量生产

17. 不同类型的生产制造企业，其生产方式有所不同，生产方式的类型有（　　）。

A. 备货生产　B. 准时化生产　C. 按订单生产

D. 按订单装配　E. 贴牌生产

四、情景问答题（请简要回答下面的问题。）

1. 在一次物流管理的公开课上，演讲者给听众介绍了生产管理的发展历程，其中谈道：在1980年以前生产管理的主要方法是EOQ，1980年至2000年生产管理进入了MRP、MRP II、ERP以及JIT、TOC阶段，2000年之后进入了SCM管理阶段。

据此，有人认为，“在21世纪，管理已进入SCM阶段，EOQ的管理手段已经过时，不再适用了。”你怎样看待这样的观点，理由是什么？

2. 小李是一个刚毕业的大学生，去某制造型企业面试。面试的时候面试人员要他介绍一下生产方式，小李提了四种生产方式：备货生产、按订单装配、按订单生产、按订单设计。请你替小李分别解释一下这四种生产方式。

3. 王先生去某汽车制造企业参观，经由内部人员介绍，该企业的生产线是流水生产，请你为王先生仔细解释一下流水生产。

4. 某公司的生产方式属于按订单设计，请你描述一下为了达到按订单设计而对该公司的要求。

5. 在一次企业物流经理的座谈会上，来自不同企业的物流经理们互相交流自己的工作经验和体会。其中某生产企业的物流经理说他们的日常工作中很重要的一项工作就是管理供应商，包括采购订单的下达、产品的接收与检验以及负责审核货款的支付。与会的很多物流经理都觉得很惊讶，认为这不是企业采购部门的事情吗，怎么会是物流部门的工作呢？物流应该只管理运输、仓库以及生产线配送的事情就可以了，怎么还会管理供应商呢？请你对这些疑问给予解释，纠正他们对生产物流的狭义理解。

6. 某企业经过调查发现，其客户的需求差异化很明显，且对订货提前期要求较高，你认为该企业在条件具备的情况下最好采用哪种生产方式？为什么？

7. 近年来，中国很多大企业都在积极开拓国际市场，有很多企业承揽了国际上的大型建设项目类，例如，水电站建设、石油勘探等。在这些项目的建设过程中，在物流部门的工作内容方面，此类企业与很多生产民用产品如空调、汽车等制造加工企业的有很大的不同。同样是生产企业，为什么物流部门的工作内容有很大的不同？请你解释之所以不同的理由。

五、论述题

1. 试述按提前期的不同而分类的四种生产方式。

2. 请你谈一谈物流对生产系统会产生哪些影响？

3. 请你谈一谈对“不同生产方式以及生产工艺中，生产物流管理所采用的方法和手段是不同的。”这句话的理解。

六、案例题

随着世界经济的日益发展，市场竞争的日趋激烈，消费者的消费观和价值观越来越呈现出多样化、个性化的特点，市场需求的不确定性越来越明显。在这种情况下，如何对市场环境的急速变化和顾客需求的瞬息万变做出快速敏捷的反应已经成为企业制胜的关键，大规模定制模式正是在这样的背景下产生并成为21世纪企业竞争的利器。戴尔公司的成功就得益于这一模式。大规模定制分为按订单销售（Sale－To－Order）、按订单装配（Assemble－to－Order）、按订单制造（Make－to－Order）和按订单设计（Engineer－to－Order）四种类型，戴尔公司参照大规模定制的四种分类，采用了按订单装配的生产方式。基于以下几个原因，按订单装配的模式特别适合个人电脑：产品更新快和配件价格下降快使得售后库存成本很高；由于PC的模块化设计使得装配十分简单快捷，所以劳动力成本只占PC成本的很小部分；顾客关注的是产品价格和服务，却不太在意等待时间和独特设计。按订单装配的生产模式着眼于满足个性化需求，实现这一宗旨的前提是对市场需求信息的及时、准确地获取、处理。戴尔依托其现代化的信息平台，通过信息资源的共享，增强了供应链中各方获得信息的能力，准确、及时地捕捉需求信息，实现了企业响应能力的提高，使供应链管理成为差别化竞争优势的重要来源。

为了适应客户驱动生产和企业联盟的需要，戴尔通过电子商务平台或电话的方式直接与客户联系，了解客户需求，并且采用直线销售模式直接把产品送达客户。这种模式的核心是直销背后的一系列采购、生产、配送等环节在内的供应链的快速反应能力，利用先进的信息手段与客户保持信息的畅通和互动，了解每一个顾客的个性化需求。可见，戴尔的直销模式是以直线定购为手段，凭借其高效的供应链管理对市场快速做出反应，为顾客提供多样化的产品和服务。这种模式也使得分销商、零售商的作用不断减弱甚至消失，导致供应链的结构逐渐转变为由原材料供应商、制造商、主体企业和客户组成的开放式的网络结构。

请结合案例，并根据你所学的知识具体解释一下按订单装配，并分析戴尔成功的经验。

单元1
概　述

单元2
生产管理演变

单元3
主生产计划

单元4
采购与供应管理

单元5
生产物流计划

单元6
能力计划与系统布置

单元7
生产作业控制

单元3　主生产计划

本单元学习目标

通过对本单元的学习你能够:

1. 了解生产数量的预测方法
2. 了解生产物流系统与主生产计划的关系
3. 了解主生产计划对生产物流以及其他业务流程的影响
4. 了解主生产计划制订过程和相关知识

一、判断题（本题型所包含的每道小题都只有正确或错误的一种答案，你认为正确的请在答题卡对应的题号上涂 A，错误的涂 B。）

1. 生产物流管理包括市场需求判定、内部产能协调、外部供应管理、生产排程、能力计划与工作重心布局等工作。（ ）

2. 主生产计划就是预先建立的一份计划，由主生产计划员负责维护，以确定在每一具体时间段内生产多少数量产品的计划。（ ）

3. 主生产计划（MPS）是生产物流计划的核心内容，是生产物流计划和管理的依据。（ ）

4. 主生产计划详细规定生产什么、什么时段应该产出，它是独立需求计划。（ ）

5. 主生产计划根据客户合同和市场预测，把经营计划或生产大纲中的产品系列具体化，使之成为展开物料需求计划的主要依据，起到了从综合计划向具体计划过渡的承上启下作用。（ ）

6. 编制主生产计划（MPS）时要确定每一具体的最终产品在每一具体时间段内的生产数量。它所需要满足的约束条件是总量计划和批量计划。（ ）

7. 每个月某种产品各个型号的产量之和等于总体计划确定的该种产品的月生产总量。（ ）

8. 总体计划所确定的某种产品在某时间段内的生产总量（也就是需求总量）应该以一种有效的方式分配在该时间段内的不同时间生产。（ ）

9. 作业交换成本也可以称之为备机成本。（ ）

10. 作业交换成本是指在不同工序的转换过程中准备工序所花费的成本，该成本与生产批量大小无关，具有固定成本的属性。（ ）

11. 由于生产系统调整准备时间的存在，在补充成品库存的生产中有一个一次生产多少最经济的问题，这就是经济生产批量。（ ）

12. 在经济订货批量模型中，相关成本最终确定为三项：变动订货成本、变动储存成本、

年维持费。(　　)

13. 在确定经济生产批量时，生产准备成本内容不变，而储存成本替代订货成本。(　　)

14. 在生产周期中，库存的形成速度是生产率和使用率的差值。(　　)

15. 在经济生产批量模型中，$d>p$，p 为生产率；d 为需求率。(　　)

16. 经济生产批量的计算公式为：年总成本 = 年维持费 + 年补充订货费 + 年购买费。(　　)

17. 在经济生产批量模型中，RL 为生产提前期。(　　)

18. 经济生产批量的公式中，S 代表一次订货费或一次生产费（即备机成本）。(　　)

19. 最大库存 $I_{max}=t_p\times(d-p)$。(　　)

20. 最大库存 $I_{max}=Q\left(1-\dfrac{d}{p}\right)$。(　　)

21. 经济生产批量的公式中 H 为持有成本。(　　)

22. 经济生产批量公式 $Q_P^*=\sqrt{\dfrac{2DS}{H(1-d/P)}}$。(　　)

23. 不管是 EOQ 经济订货批量的公式还是 EPQ 经济生产批量的公式，都可以在现实企业中正常应用。(　　)

24. 可以通过改善不断降低订购成本和备机成本来实现用多少备多少的最佳库存管理策略，也可以成为准时制（JIT）策略。(　　)

25. 主生产计划中可以有超越可用物料和可能能力的项目。(　　)

26. 主生产计划制订后在有效的期限内应保持适当稳定，如果按照主观愿望随意改动，将会引起系统原有合理的正常的优先级计划的破坏，削弱系统的计划能力。(　　)

27. 任何管理都不能过细，都应该有轻重缓急。(　　)

28. 如预计可用量为负值，表示可以满足需求量，不必再安排主生产计划量（　　）

29. 生产计划在理论上而言，完全可以把每一个生产活动的细节都计划进来，但现实的情况是，这样的计划反而是不能实施。(　　)

30. 虽然经营规划、预测和生产规划可为主生产计划的编制提供合理的基础，但随着情况的变化，主生产计划期的改变仍是不可避免的。(　　)

31. 在计划展望期内最近的计划期，其跨度等于或最终产品的总装配提前期。(　　)

32. 稍后的计划期其跨度加上第 1 计划期的跨度等于或略大于最终产品的累计提前期。(　　)

33. 最近的计划期和稍后的计划期两个计划期的分界线称为计划时界。(　　)

34. 第二个计划期和以后的计划期的分界线称为需求时界。(　　)

35. 需求时界提醒计划人员，早于这个时界的计划已在进行最后阶段，不宜再做变动。(　　)

36. 计划时界，它提醒计划人员，在这个时界和需求时界之间的计划已经确认，不允许系统自动更改，必须由主生产计划员来控制。(　　)

37. 计划时界以后的计划系统可以改动。(　　)

38. 总体计划中的产量是按照产品数量来规定的。(　　)

39. 主生产计划应是对个体计划的一种具体化。(　　)

40. 主生产计划是所有部件、零件等物料需求计划的前提。(　　)

41. 当主生产计划量要减少时，可能会由于物料短缺而引起交货期延迟或作业分配变得复杂。(　　)

42. 当主生产计划量要增加时，可能会导致多余物料或零部件的产生。(　　)

43. 在需求冻结期间内，可以随意修改主生产计划。(　　)

44. 计划冻结期通常比需求冻结期要短。(　　)

45. 在计划冻结期间内，计算机拥有自主改变主生产计划的程序和授权。(　　)

46. 某企业使用3个冻结期，8周、13周和26周。在8周以内，是需求冻结期，可以修改主生产计划。(　　)

47. 某企业使用3个冻结期，8周、13周和26周。在8周以内，是需求冻结期，从8周到13周，主生产计划仍较呈刚性，但只要零部件不缺，就不可对最终产品的型号作变动。(　　)

48. 某企业使用3个冻结期，8周、13周和26周。在8周以内，是需求冻结期，从13周到26周，可改变最终产品的生产计划，但前提仍是物料不会发生短缺。(　　)

49. 主生产计划冻结期的长度应周期性地审视，应该是固定不变。(　　)

50. 总体计划是要考虑生产速率、人员水平等折中因素的。(　　)

51. 为了使总体计划中的产量转换成主生产计划中的市场需求量，首先需要对其进行分解，分解成每一计划期内对每一具体型号产品的需求。(　　)

52. 当主生产计划体现了总体计划的意图时，主生产计划就成为企业整个经营计划中的一个重要的、不可或缺的部分。(　　)

53. 对已开始执行、但尚未完成的主生产计划进行修改时，将会引起一系列计划的改变

以及成本的增加。(　　)

54. 主生产计划相对稳定化的时期，即“冻结”期。(　　)

55. 在计划冻结期间，计算机没有自主改变主生产计划的程序和授权，但计划人员可以在两个冻结期的差额时间段内根据情况对主生产计划作必要的修改。(　　)

56. 在计划冻结期间和生产冻结期间之外，可以进行更自由的修改。(　　)

57. 主生产计划的相对冻结虽然使生产成本得以减少，但也同时减少了响应市场变化的柔性，而这同样是要发生成本的。因此，还需要考虑二者间的平衡。(　　)

58. 生产排程系统，是对企业产能进行合理指派的过程。从本质上讲生产排程系统完全可以被称为是企业的生产物流管理系统的核心。(　　)

59. 在制造业处于生产计划核心地位的是产品结构，也就是产品本身的技术特征，这是生产物流与销售物流不同的本质。(　　)

60. 在实际的主生产计划制订中，是以市场需求预测来计算主生产计划量。(　　)

二、单选题（本题型所包括的每道小题只有一个正确答案，请在给出的选项中选出正确答案。）

1. 生产物流管理不包括（　　）。

A. 市场需求判定　　B. 内部产能协调

C. 外部供应管理　　D. 客户订单和预测

2. （　　）就是预先建立的一份计划，由主生产计划员负责维护，以确定在每一具体时间段内生产多少数量产品的计划。

A. 主生产计划　　B. 最终产品

C. 按订单设计　　D. 项目生产

3. （　　）是生产物流计划的核心内容，是生产物流计划和管理的依据。

A. 福特生产方式　　B. 项目生产

C. 主生产计划　　D. 最终产品

4. （　　）详细规定生产什么、什么时段应该产出，它是独立需求计划。

A. 物料需求计划　　B. 企业资源计划

C. 主生产计划　　D. 生产资源计划

5. 主生产计划的具体时间段，通常是以（　　）为单位。

A. 日　　B. 旬　　C. 月　　D. 周

6. 主生产计划不须考虑（　　）。

A. 客户订单和预测　　B. 未完成订单

C. 可用物料的数量　　D. 市场需求判定

7. 以下不属于企业需求来源的是（　　）。

A. 国内外的客户　　B. 本公司的其他工厂

C. 在客户处的寄销存货　　D. 原材料的需求

8.（　　）是指在不同工序的转换过程中准备工序所花费的成本，该成本与生产批量大小无关，具有固定成本的属性。

A. 营销成本　　B. 物流成本　　C. 作业交换成本　　D. 库存成本

9. 与生产量有关的资源约束不包括（　　）。

A. 最终产品　　B. 人员能力　　C. 库存能力　　D. 流动资金总量

10. 由于生产系统调整准备时间的存在，在补充成品库存的生产中有一个一次生产多少最经济的问题，这就是（　　）。

A. 流动资金总量　　B. 经济生产批量　　C. 主生产计划　　D. 最终产品

11. 在编制生产计划时，订单数量的来源中不包括（　　）这项数量。

A. 客户订单　　B. 库存订单　　C. 网络订单　　D. 预测订单

12. 以（　　）作为主生产计划模型中的预测需求量。

A. 总体计划中的生产量　　B. 生产速率

C. 人员水平　　D. 市场需求预测

13. 在实际的主生产计划制订中，是以（　　）确定生产量。

A. 需求预测　　B. 综合计划　　C. 总体计划　　D. 生产预测

14. 主生产计划是所有部件、零件等物料需求计划的（　　）。

A. 前提　　B. 条件　　C. 基础　　D. 本质

15. 当主生产计划量要增加时，可能会导致（　　）。

A. 多余物料产生　　B. 生产能力用于并不需要的产品

C. 多余零部件的产生　　D. 交货期延迟

16.（　　）可以包括从本周开始的若干个单位计划期，在该期间内，没有管理决策层的特殊授权，不得随意修改主生产计划。

A. 需求冻结期　B. 供给冻结期　C. 计划冻结期　D. 生产冻结期

17. 企业为了满足市场对最终产品需求，首要的任务是制订适合的（　　）。

A. 采购计划　B. 市场预测　C. 生产计划　D. 需求计划

18. 在制造业处于生产计划核心地位的是（　　）。

A. 供应链管理　B. 加工中心　C. 产品结构　D. 市场需求

19. 为一个制造设施作计划与处理对它的各种需求时所涉及的一切活动中不包括（　　）。

A. 对这种需求的预测　B. 仓储与库存管理

C. 处理订单登录　D. 作出交货承诺

20. 经济生产批量模型的总成本公式中不涉及（　　）。

A. 生产成本　B. 生产准备成本

C. 库存持有成本　D. 缺货成本

21. 生产计划编制中的订单数量不包括（　　）。

A. 客户订单　B. 采购订单　C. 库存订单　D. 预测订单

22. 编制主生产计划时要确定每一具体的最终产品在每一具体时间段内的（　　）。

A. 需要的零部件数量　B. 合格率

C. 流通路径　D. 生产数量

23. 编制主生产计划的总量计划的约束条件包括（　　）。

A. 每个月某种产品各个型号的产量之和等于总体计划确定的该种产品的月生产总量

B. 每个月某种产品各个型号的产量之和大于总体计划确定的该种产品的月生产总量

C. 每个月某种产品各个型号的产量之和小于总体计划确定的该种产品的月生产总量

D. 需求总量应该在某一时间段内完成生产

24. 需求总量分配在不同时间段生产时考虑因素不包括（　　）。

A. 竞争环境　B. 需求的历史数据　C. 对未来市场的预测　D. 订单

25. 小批量生产时，产品分摊的备机成本（　　）。

A. 中等　B. 较大　C. 零　D. 较小

26. 在经济订货批量模型中，相关成本最终确定为两项，即变动订货成本和（　　）。

A. 变动运输成本　B. 包装成本　C. 退货成本　D. 变动储存成本

27. 库存的形成速度是生产率和使用率的（　　）。

A. 差值　B. 和　C. 乘积　D. 商

28. 以下不属于经济生产批量模型的假设条件的是（　　）。

A. 对库存系统的需求率为常量　　B. 采购、运输均无价格折扣

C. 不允许缺货　　D. 不需要连续补充库存

29. 经济生产批量的公式为（　　）。

A. $EPS=\sqrt{\dfrac{2DS}{H\ (1-d/p)}}$　　B. $EPS=\sqrt{\dfrac{2DS}{H\ (1-p/d)}}$

C. $EPS=\sqrt{\dfrac{2DH}{S\ (1-p/d)}}$　　D. $EPS=\sqrt{\dfrac{2DH}{S\ (1-d/p)}}$

30. 经济生产批量的公式中变量的含义叙述错误的是（　　）。

A. p 为生产率　　B. D 为年总需求　　C. H 为持有成本　　D. S 为需求速率

31. 在编制主生产计划时，应遵循一些基本原则，其中不包括（　　）。

A. 用最少的项目数进行主生产计划的安排

B. 要列出一些项目组或计划清单项目

C. 计划的项目应尽可能全面代表企业的生产产品

D. 在有效的期限内应保持适当稳定

32. 保证生产目标的实现，就应该关注在那些重要的活动上面，其中，重要的活动不包括（　　）。

A. 技术或工艺复杂　　B. 处于关键路径

C. 后续活动较多　　D. 资金占用量比较少的

33. 在计划展望期内最近的计划期，其跨度应（　　）最终产品的总装配提前期。

A. 等于或略大于　　B. 大于　　C. 等于或略小于　　D. 小于

34. 稍后的计划期其跨度加上第1计划期的跨度（　　）最终产品的累计提前期。

A. 等于或略大于　　B. 大于　　C. 等于或略小于　　D. 小于

35. 在需求时界，它提醒计划人员（　　）。

A. 早于这个时界的计划已在进行最后阶段，不宜再作变动

B. 不允许系统自动更改，必须由主生产计划员来控制

C. 系统可以改动

D. 改不改都行

三、多选题（本题型所包含的每道小题都有不止一个正确答案，请选出你认为正确的答案，错选和多选者本小题不得分，少选但选项正确的可得到相应的分数。）

1. 生产物流管理包括工作（　　）。

A. 市场需求判定　　B. 内部产能协调　　C. 外部供应管理

D. 生产排程　　E. 能力计划

2. 主生产计划包括（　　）。

A. 客户订单和预测　　B. 未完成订单　　C. 可用物料的数量

D. 现有能力　　E. 管理方针和目标

3. 企业需求来源会直接影响到后续的生产活动，这些活动包括（　　）。

A. 对这种需求的预测　　B. 处理订单登录　　C. 作出交货承诺

D. 同主计划接口　　E. 内部产能协调

4. 主生产计划包括（　　）。

A. 订单数量　　B. 产成品的交货日期　　C. 完工日期

D. 主生产计划　　E. 供货日期

5. 与生产量有关的资源约束包括（　　）。

A. 设备能力　　B. 人员能力　　C. 库存能力　　D. 流动资金总量

6. 在经济订货批量模型中，相关成本最终确定为（　　）。

A. 变动订货成本　　B. 采购成本　　C. 运输成本

D. 变动储存成本　　E. 退货成本

7. 以下是经济生产批量模型的假设条件的是（　　）。

A. 对库存系统的需求率为常量　　B. 一次订货量无最大最小限制

C. 采购、运输均无价格折扣　　D. 订货提前期已知，且为常量

E. 不允许缺货

8. 保证生产目标的实现，就应该关注在那些重要的活动上面，其中，重要的活动可以包括（　　）。

A. 技术或者工艺复杂　　B. 处于关键路径　　C. 经常发生问题

D. 后续活动较多　　E. 资金占用量比较大

9. 在计划展望期内最近的计划期，其跨度应（　　）最终产品的总装配提前期。

A. 等于　B. 大于　C. 略大于

D. 小于　E. 略小于

10. 在主生产计划中常用的“冻结”方法是（　　）。

A. 规定需求冻结期　B. 规定供给冻结期　C. 规定计划冻结期

D. 规定周期冻结期　E. 规定生产冻结期

11. 对总体计划中的产量进行分解时，必须考虑（　　）。

A. 不同型号的适当组合　B. 不同规格的适当组合　C. 每种型号的现有库存量

D. 已有的顾客订单量　E. 市场需求量

12. 当主生产计划量要增加时，可能会导致（　　）。

A. 多余物料产生　B. 生产能力用于并不需要的产品

C. 多余零部件的产生　D. 交货期延迟　E. 作业分配变得复杂

13. 在制订计划过程中应考虑以下（　　）问题。

A. 企业所拥有的资源　B. 满足市场需求

C. 对资源的有效利用　D. 最低的投入达到最大的产出

E. 现有竞争对手的竞争

14. 企业的产能是生产排程系统运行的根本依据，它包括对企业（　　）的有效分配。

A. 工作中心　B. 工作线路　C. 产品的 BOM 清单

D. 自制品　E. 可用的库存量

15. 企业的生产计划系统中的重要的方面包括（　　）。

A. 市场需求的数量和时间　B. 供应链管理　C. 采购与供应管理的支持

D. 内部加工中心管理能力　E. 产品结构和主生产计划

16. 编制主生产计划时应满足的约束的条件是（　　）。

A. 总量计划　B. 产品种类　C. 批量计划

D. 产品清单　E. 库存量

17. 编制主生产计划的总量计划的约束条件包括（　　）。

A. 每个月某种产品各个型号的产量之和等于总体计划确定的该种产品的月生产总量

B. 每个月某种产品各个型号的产量之和大于总体计划确定的该种产品的月生产总量

C. 每个月某种产品各个型号的产量之和小于总体计划确定的该种产品的月生产总量

D. 需求总量应该在某一时间段内完成生产

E. 需求总量应该以一种有效的方式分配在该段时间段内的不同时间生产

18. 需求总量分配在不同时间段生产时应考虑（　　）。

A. 竞争环境　　B. 需求的历史数据　　C. 对未来市场的预测

D. 订单　　E. 企业经营方面

19. 在经济订货批量模型中，相关成本最终确定为（　　）。

A. 变动订货成本　　B. 变动储存成本　　C. 变动运输成本

D. 包装成本　　E. 退货成本

20. 在编制主生产计划时，应遵循的一些基本原则是（　　）。

A. 用最少的项目数进行主生产计划的安排

B. 要列出实际的，具体的可构造项目

C. 列出对生产能力、财务指标或关键材料有重大影响的项目

D. 计划的项目应尽可能全面代表企业的生产产品

E. 留有适当余地，并考虑预防性维修设备的时间

四、情景问答题（请简要回答下面的问题。）

1. 小李在一次课前预习中遇到了“主生产计划”这个概念，他有些不太理解，请你用你所学的知识为他介绍一下主生产计划。

2. 某企业在一次培训中提到了主生产计划的内容，请你替该企业介绍一下主生产计划的内容。

3. 某企业应用经济生产批量公式 $EPS=\sqrt{\frac{2DS}{H（1-d/p）}}$，计算出本企业的经济生产量，然而按此生产量生产后，却没降低企业的订购成本和备机成本，请你解释一下为什么会出现这种情况。

4. 王先生参与了他们公司的主生产计划的编制，请描述一下主生产计划编制步骤。

五、论述题

1. 在生产计划中有几种计划“冻结”，请叙述一下它们的具体含义是什么？

2. 阐述主生产计划编制过程中的约束条件。

3. 论述经济生产批量。

4. 阐述主生产计划编制的原则。

六、案例题

某工厂产品呈现多品种、小批量、短交期的特点，生产工艺也较为复杂，包括冲压、注塑、喷漆、压装、精加工等，属于混合型制造。目前，工厂计划部门排产以周计划为主。

现在的问题是排计划需要的基础数据不能从相关部门及时或准确拿到，导致生产计划调整频繁。有些工序排了计划，有些工序却没排计划，断断续续。生产部门抱怨计划人员对影响生产计划的因素缺乏全面细致的考虑，出现计划与执行脱节。

当生产不能按期交货时，市场部抱怨计划部门，计划部门指责生产部门，而生产部门又说是设备和模具问题影响生产进度，反馈给计划部门，而计划员很难协调相关部门，所以才耽误交货。计划部门说，生产过程中模具和设备出现问题，应该由生产部门想办法解决，解决不了或其他部门不配合再反馈给计划部门，计划部门给予相应协助。

更让人头疼的是，工程在试制通过后移交批量生产，常常是突然下个大的订单，让采购部门来不及采购。计划部门对工程部说，批产前特别是大批量订单来临之前，要提前告知，这样计划部门才好做物料计划，要不工程部门就自行采购。工程部门说，在试制通过前，谁敢担这个责任通知计划部门做计划？

那么，工厂相关部门如何优化生产计划编制方式，是否改由计划部门编排为生产部门自行编排？

单元1
概　述

单元2
生产管理演变

单元3
主生产计划

单元4
采购与供应管理

单元5
生产物流计划

单元6
能力计划与系统布置

单元7
生产作业控制

单元 4　采购与供应管理

本单元学习目标

通过对本单元的学习你能够：

1. 了解采购与供应管理的含义
2. 了解战略采购的基本工作内容
3. 了解供应管理的基本工作内容

一、判断题（本题型所包含的每道小题都只有正确或错误的一种答案，你认为正确的请在答题卡对应的题号上涂A，错误的涂B。）

1. 从生产物流的角度来看，企业的采购与供应管理更多地体现为战术性的工作。（　　）

2. 采购对于不同行业有不同的重要性，区分其重要程度的一个最基本的原则就是该企业的直接采购总成本占企业总成本的比重大小。（　　）

3. 企业采购成本10%的节约意味着6%～8%的效益增长。说明企业越来越重视采购工作，采购对企业的影响越来越大。（　　）

4. 集中采购就是将下属企业的需求汇集到总部进行采购的策略。（　　）

5. 分散采购不利于采购环节与存货、供料等环节的协调配合。（　　）

6. 产品开发研制、试验所需要的物品适合集中采购。（　　）

7. 在整个采购与供应的流程中的每个环节都有战略采购的内容，但是较为集中于采购的前期工作，也就是：明确需求、供应市场分析、制定采购策略、进行供应商评价指导与供应商签署供应合同。（　　）

8. 集中采购和分散采购是完全对立的，企业不能同时采用这两种采购方式。（　　）

9. 明确需求不是采购成本的节约的重要阶段。（　　）

10. 根据采购产品的重要性和供应市场的机会与风险程度，可以简单地把采购分为几个类别，根据不同的采购类别制定恰当的采购策略，确定与供应商的关系。我们把这个分类模型称之为供应定位模型。（　　）

11. 在与供应商缔结商业合同的时候，企业会根据采购产品的重要程度以及其支出额度的大小选择与供应商的合同方式，合同方式也是企业与供应商管理远近的具体体现。（　　）

12. 在对供应商进行评价时，一般要对供应商两个方面进行评价，一个是供应商的能力，另一个是供应商的积极性评价。（　　）

13. 供应商评价中能力要素从质量、可获得性、服务于响应以及成本进行评价。（　　）

14. 供应商等级中的认证供应商是最高等级，但该类供应商也必须进行产品质量检验。(　　)

15. 竞争性谈判，是指采购人或者采购代理机构直接邀请三家以上供应商就采购事宜进行谈判的方式。(　　)

16. 竞争性谈判作为一种独立的采购方式，不能体现采购竞争性原则、经济效益原则和公平性原则的一种方式。(　　)

17. 竞争性谈判中的谈判小组由采购人的代表和有关专家共三人以上的单数组成，其中专家的人数不得少于成员总数的三分之一。(　　)

18. 招标是指买方按事先发出通知或公布的交易条件，公开邀请卖方发盘的行为。(　　)

19. 投标是指由卖方根据招标条件应邀发盘的行为。(　　)

20. 招标是由参加投标的企业按照招标人所提出的条件。招标不是一次性递价成交的贸易方式，双方需对价格进行反复磋商。(　　)

21. 在明确需求过程中的重要思想是，所有采购的需求是要围绕着企业总体目标而进行的。(　　)

22. 生产物流是自营还是外包，主要考虑两方面的问题，一是外包风险的控制，二是外包的经济性。也就是外包管理的风险和成本权衡。(　　)

23. 采购供应管理工作对应的就是供应商的销售物流管理，因此，销售物流中的管理手段都可以用到采购供应管理中来。(　　)

24. 重量和体积较大的部件，尽量采用直接供应的方式。(　　)

25. 企业选择直接供应方式，必须对所有产品进行现场质量检验。(　　)

26. 间接供应指的是企业从供应商购买的原材料或者零部件先由企业仓库接收，然后由物流部门按照生产进度将其配送到生产线旁或加工中心。(　　)

27. 间接供应的本质是库存管理的问题。(　　)

28. 供应管理中物料需求都来自生产计划的相关需求指令。(　　)

29. 供应管理就是供应部门按照生产计划向供应商购买所需要的原材料或者零部件的过程，涉及采购计划、发出订单或者签署采购合同、接收和检验货物，以及运输和仓储的管理等流程。(　　)

30. 供应商管理库存（VMI）是一种在供应链环境下的库存运作模式，是一种将单级供应

链问题变成多级库存管理问题。(　　)

31. 企业物流外包需兼顾风险与成本两个方面的考虑。(　　)

32. 标单具有实盘性质，不能随意撤标。(　　)

33. 招标一般分为三个阶段：招标阶段、投标阶段、开标签约阶段。(　　)

34. 大部分货物采购和兴建工程项目都采用选择性招标方式。(　　)

35. 投标人按照招标单的要求填写投标单，在规定期限内寄交给招标人，逾期无效。(　　)

36. 采购原则的选择会对采购工作产生全面长久的影响。(　　)

37. 集中采购可以充分发挥专家作用，扩大采购订单规模，增强与供应商议价的能力。(　　)

38. 在明确需求的过程中要重视发挥供应商的能力，但不可以让供应商加入到明确需求的过程中来。(　　)

39. 评价供应商工作的基本目标是要找到一个与企业目标及采购策略相匹配的合作伙伴。(　　)

40. 供应商评价模型中，我们将能力和积极性都高的供应商定义为理想供应商，对那些还达不到理想供应商标准的在能力和积极性的某一方面有欠缺的供应商进行必要的培养。(　　)

41. 根据供应商评价要素，分别对供应商的所有方面进行打分，加权评分法是一个很有效的评价工具，其中权重值的设定是该工具有效应用的关键点。(　　)

42. 供应管理的目标是在共同监督的前提下，确保准时保量无差错的物料供应，以避免生产中断或停产而带来的风险，目的是为了保障生产计划的有效实施，准时将最终产品交付给客户。在保障供应时不需要要考虑到成本的节约。(　　)

43. 被采购物料本身的技术经济特点和企业与供应商的合同关系都会影响供应方式选择。(　　)

44. 库存资金占用是考虑是否直接供应的一个原因。库存资金占压会影响生产物流成本，应该尽量减少贵重物料的库存占压。(　　)

45. 订购成本以及库存持有成本是企业决定订购多少物料的重要的因素，这是库存管理中的永恒课题。(　　)

46. VMI是以实际或预测的消费需求和库存量作为市场需求预测和库存补货的解决方法，即由销售资料得到消费需求信息，供货商可以更有效的计划、更快速的反应市场变化和消费

需求。(　　)

47. 设计采购施工总承包是指工程总承包企业按照合同约定，承担工程项目设计，并对承包工程的质量、安全、工期、造价全面负责。(　　)

二、单选题（本题型所包括的每道小题只有一个正确答案，请在给出的选项中选出正确答案。）

1. 生产物流的管理离不开（　　）的支持，它的成功经营，是生产物流成功的必不可少的一部分。

A. 运输管理　　B. 采购管理　　C. 配送管理　　D. 信息传达

2. （　　）越来越受重视，它的节约会转换成企业利润，现在很多企业越来越重视它。

A. 经营成本　　B. 人工成本　　C. 采购成本　　D. 折旧费用

3. 下面不属于集中采购优点的是（　　）。

A. 集中的数量优势　　B. 避免复制

C. 对市场反应灵敏　　D. 更低的运输成本

4. 企业采购可采用集中采购和分散采购两类，其中分散采购的缺点是（　　）。

A. 形成供应基地　　B. 集中的数量优势

C. 对市场反应灵敏，补货及时，购销迅速

D. 部门各自为政，容易出现交叉采购、人员费用较大

5. 多个供应商，压低价格或成本，现货采购合同，低库存是（　　）采购的采购策略。

A. 常规类　　B. 杠杆类　　C. 瓶颈类　　D. 关键类

6. 一个供应商，深层合作，长期合同，建立伙伴关系，低库存是（　　）采购的采购策略。

A. 常规类　　B. 杠杆类　　C. 瓶颈类　　D. 关键类

7. 一个供应商，节省管理成本，长期合同，高库存是（　　）采购的采购策略。

A. 常规类　　B. 杠杆类　　C. 瓶颈类　　D. 关键类

8. 一个或者两个供应商，当一个“好客户”进行反向营销，签署长期合同，高库存是（　　）采购的采购策略。

A. 常规类　　B. 杠杆类　　C. 瓶颈类　　D. 关键类

9. 伙伴合同这一种类包括的合同形式有合资企业和（　　）。

A. 现货合同　　B. 无定额合同　　C. 定额合同　　D. 伙伴关系

10. 以下（　　）与供应商的关系最贴近。

A. 无定额合同　　B. 定额合同　　C. 合资企业　　D. 伙伴关系

11. 下列（　　）不是考虑分散采购的因素。

A. 地理位置　　B. 价格波动　　C. 采购数量　　D. 客户需求

12. 供应商积极性评价指标不包括（　　）。

A. 战略的一致性　　B. 未来价值　　C. 交往的便利性　　D. 可获得性

13. 根据供应商评价模型对供应商进行评价，其中能力要素中的质量方面不包括（　　）。

A. 功能性　　B. 耐用性　　C. 形象　　D. 经济性

14. 根据对供应商的实际能力和积极性的评价的打分结果，最终要根据供应商的总体情况对他们进行分级，不包括（　　）。

A. 认证供应商　　B. 优秀供应商　　C. 良好供应商　　D. 首选供应商

15. 招标方式不包括（　　）。

A. 公开招标　　B. 工程招标　　C. 选择性招标　　D. 谈判招标

16. 交钥匙总承包是（　　）方式在业务和责任上的延伸。

A. 设计采购施工（EPC）　　B. 设计—施工总承包（D—B）

C. 设计—采购（E—P）　　D. 采购—施工

17. 在采购实务中，获取与选择报价有以下几种办法被广泛应用，包括竞争性谈判和招标采购，其中竞争性谈判的优点是（　　）。

A. 违反自由竞争精神，助长企业托拉斯垄断价格，阻碍工商业的发展

B. 可选择适当的对象，并兼顾供应商以往的业绩，确保采购安全，防范采购风险

C. 无限制的独家谈判，容易造成厂家抬高价格

D. 秘密谈判容易给参与者或操作人员造成串通舞弊的机会

18. 对于采购的产品，我们一般从质量、可获得性、服务与响应、成本四个方面来考核，以下属于可获得性方面的指标是（　　）。

A. 对客户的技术支持　　B. 交货的可靠性

C. 耐用性　　D. 使用的方便性

19. （　　）不是物流外包的形式。

A. 部分业务外包　　B. 全部业务外包

C. 物流系统接管　　　　　　　　D. 物流系统替换

20. (　　) 不是对招标的正确描述。

A. 公开招标方式要求招标人首先要在报纸、刊物，或采取其他形式公布招标通知，邀请投标人参加投标

B. 在招标人发出通告后相继有投标人提出投标要求，集中所有投标人的投标申请书

C. 招标人对参加投标的企业、公司进行资格审查

D. 标单的主要内容只包括招标要求、货物说明和技术要求

21. 很多企业越来越重视采购工作，关于采购的描述错误的是 (　　)。

A. 采购成本占企业总成本的比例越来越大

B. 采购工作越来越体现为战术性工作

C. 外包趋势是越来越明显是采购重要的原因

D. 采购成本 10% 的节约意味着 6% ~8% 的效益增长

22. 对供应商进行评价时，其能力要素主要包括质量、服务与响应、可获得性及 (　　)。

A. 价格　　B. 速度　　C. 成本　　D. 准时性

23. 对供应商进行评价时，一般对其能力和 (　　) 两个方面进行评价。

A. 价格　　B. 服务　　C. 成本　　D. 积极性

24. 采购的供应定位模型中，杠杆类采购项目的采购策略应该是 (　　)。

A. 高库存策略　　　　　　　　B. 以降低管理费用为目标

C. 尽量压低价格或成本　　　　D. 选用一个供应商

25. 对于采购的产品，我们一般从质量、可获得性、服务与响应、成本四个方面来考核，以下属于可获得性方面的指标是 (　　)。

A. 对客户的技术支持　　　　　B. 交货的可靠性

C. 耐用性　　　　　　　　　　D. 使用的方便性

三、多选题 (本题型所包含的每道小题都有不止一个正确答案，请选出你认为正确的答案，错选和多选者本小题不得分，少选但选项正确的可得到相应的分数。)

1. 集中采购包括以下 (　　) 模式。

A. 集中定价、分开采购　　　　B. 集中订货、分开收货付款

C. 集中采购后调拨　D. 集中订货、分开收货、集中付款

E. 集中定价、分开订货收货、集中付款

2. 企业采购的组织中有集中的采购和分散采购两种，其中集中采购的优点是（　　）。

A. 更低的运输成本　D. 减少企业内部的各部门及单位的竞争和冲突

C. 就适应不同地区市场环境变化，商品采购具有相当的弹性

D. 对市场反应灵敏，补货及时，购销迅速

E. 可以提高一线部门的积极性，提高其士气

3. 分散采购的缺点包括（　　）。

A. 易出现交叉采购，人员费用较大

B. 采购权力下放，采购过程中易出现舞弊现象

C. 采购部门具有较大权利，对整个经营业绩负责

D. 采购数量有限，不能获得大量采购的优惠价格

E. 商品采购具有相当的弹性

4. 企业在决定分散采购时应考虑的因素包括（　　）。

A. 采购需求的通用性　B. 价格波动　C. 潜在的节约

D. 所需的专门技术　E. 转化成本

5. 获取报价的方法有（　　）。

A. 公开招标　B. 招标与投标　C. 谈判招标

D. 竞争性招标　E. 邀请招标

6. 对供应商进行评价包括能力和积极性两方面，能力要素中的质量包括（　　）。

A. 功能性　B. 耐用性　C. 独特性

D. 形象　E. 环境的友好性

7. 对供应商进行评价包括能力和积极性两方面，能力要素中的服务与响应包括（　　）。

A. 客户信息　B. 对客户询问的响应　C. 对客户的技术支持

D. 修理与维护服务　E. 对待客户的服务态度

8. 竞争性谈判中的制定的谈判文件包括（　　）。

A. 谈判程序评定成交的标准　B. 谈判内容　C. 合同草案的条款

D. 评定成交的标准　E. 谈判中供应商的技术资料、价格和其他信息文件

9. 竞争性谈判的缺点包括（　　）。

A. 无限制的独家谈判，容易造成厂家抬高价格

B. 违反自由竞争精神，助长企业托拉斯垄断价格，阻碍工商业的发展

C. 秘密谈判，容易给参与者或操作人员造成传统舞弊的机会

D. 采购程序复杂

E. 采购效率低

10. 以下（　　）货物不适合招标采购。

A. 特殊规格的货物　　B. 紧急采购的货物

C. 市场因素十分透明的货物　　D. 有降低成本潜力的货物

E. 需要详细条款谈判的货物

11. 下面对招标的描述正确的是（　　）。

A. 招标是一种竞卖的贸易方式

B. 招标与投标是一种贸易方式的两个方面

C. 招标要在指定的时间和地点进行，并事先规定了一些具体的条件

D. 招标是由参加投标的企业按照招标人所提出的条件，是一次性递价成交的贸易方式，双方不需对价格进行反复磋商

E. 竞争性招标是指招标人邀请几个乃至几十个投标人参加投标，通过多数投标人竞争，选择其中对招标人最有利的投标达成交易

12. 供应管理的战略指标包括（　　）。

A. 可靠性　　B. 快速响应　　C. 柔性化

D. 成本节约　　E. 总资产回报率

13. 根据供应商所供应物料到达企业内部的具体位置不同，可以将供应方式分为（　　）。

A. 直接供应　　B. 集中供应　　C. 分散供应

D. 间接供应　　E. 混合供应

14. 在间接供应的库存管理中，可采用的库存管理方式包括（　　）。

A. 定期采购　　B. 定量采购　　C. 用多少定多少

D. ABC 分类法　　E. JIT 管理

15. 生产物流外包与否归纳为以下（　　）方面。

A. 风险层面　　B. 规模层面　　C. 不确定性

D. 变异系数　　　　　　E. 能力层面

16. 与场内物流相比，供应物流还要考虑的内容包括（　　）。

A. 供应市场的变化　　　　B. 供应商的关系维系以及管理

C. 运输方式的选择　　　　D. 运输单证与保险

E. 采购资金的管理

17. 物流外包的优势包括（　　）。

A. 将有限的资源集中用于发展主业　　　　B. 节省物流费用，增加赢利

C. 提升企业形象，增强服务价值　　　　D. 提升物流管理效率

E. 加速物料和产品周转，减少库存，降低经营风险

18. 以下关于开标签约阶段的描述正确的是（　　）。

A. 开标分为公开开标与秘密开标两种方式

B. 开标之后，经过有关评标人员评定，决定中标者

C. 在评定过程中，招标人如果认为所有投标者都不合格而未选定中标者时，可以宣布招标失败，拒绝全部投标，并且可以重新发布招标通告

D. 如果选定中标者，有招标人与中标者签订订货合同，中标人尚须向招标人缴纳履约保证金或出具银行履约保证函

E. 在评标中未中标者所缴纳投标保证金则应全部退还，银行出具的保证函的责任即告终止

19. 企业在选择集中采购时，应考虑的因素包括（　　）。

A. 有利于资源的合理配置　　　　B. 减少层次　　　　C. 加速周转

D. 简化手续　　　　E. 节约物品

20. 供应商评价要素中能力要素中的成本包括（　　）。

A. 购买价格　　　　B. 销售价格　　　　C. 获得成本

D. 加权平均资本成本　　　　E. 所有权成本

21. 在决定分散采购时，应该考虑的因素包括（　　）。

A. 采购需求的通用性　　　　B. 地理位置　　　　C. 供应市场结构

D. 潜在的节约　　　　E. 价格波动

22. 对供应商进行评价时主要针对（　　）方面。

A. 供应商的地理位置　　　　B. 供应商的能力　　　　C. 供应商的库存情况

D. 供应商的积极性　　E. 供应商的送货情况

23. 对供应商评价过程中我们关注两个方面的问题，即能力和积极性，积极性因素包括（　　）。

A. 战略的一致性　　B. 交往的方便性　　C. 财务的确定性

D. 未来的潜力　　E. 采购价值

24. 评价供应商基本流程中包含的主要步骤有（　　）。

A. 评价要素及标准确定　　B. 为评价要素设定权重和打份标准

C. 收集供应商的一手和二手信息　　D. 信息分析

E. 对供应商进行打分、分数、支持和培养

四、情景问答题（请简要回答下面的问题）

1. 生产物流的管理离不开采购管理的支持，王经理是一家新兴企业的经理，那么在企业中采购工作可能包括哪些内容？

2. 李先生是一家公司的经理，根据企业的生产发展需要进行采购工作，那么可以选择哪些方式向供应商传达企业的需求？

3. 企业根据供应商评价模型对供应商进行评价，其中供应商积极性评价指标包括哪些？

4. 张女士是一家公司的经理，该公司的生产物流一直采用自营方式，现今物流外包趋势越来越明显，该公司根据企业自身情况也打算采用物流外包这种方法，请你为张女士介绍一下如何建立成功的物流外包关系以及在物流外包过程中的注意事项。

五、论述题

1. 试述分散采购适用的采购物料以及优缺点。

2. 试述评价供应商的基本流程以及供应商等级的划分。

3. 试述供应商管理库存（VMI）的含义以及它如何为企业的库存管理作出贡献。

4. 试述招标方式的种类以及它们的基本内容。

六、案例题

克莱斯勒公司为了更好地满足汽车购买者，公司采用了“大企业”策略，该策略将整个公司的采购供应链的活动进行了更好的整合——从原材料到零部件到各零部件供应商从生产

商到分销商最后将成品递送至客户。通过这种更为紧密的整合，克莱斯勒变得对市场需求的反应更迅速，其在产品设计与开发的革新上赢得了良好的声誉。

采购在克莱斯勒公司的变革中发挥了与众不同的重大作用。该公司被认为是北美与供应商关系最好的企业之一。较散乱的联系已经让位于更为紧密的供应商管理方式。供应商能够更早更积极地参与新产品的开发。实际上主要供应商已经为克莱斯勒实际开发的每辆汽车和卡车提供设计与制造系统。采购部门已建立了一项极为成功的称之为 SCORE 的供应商建议项目，该项目每年能产生数以千条的供应商建议，从这些建议中节约的资金每年可达到数亿美元。

如果没有了解采购流程以及知道如何利用这些流程创造价值的人们，这些变化是不可能发生的。克莱斯勒意识到采购并不是仅供低素质的采购人员随意进行传统操作的地方而应接近于供应链管理。公司招募高学历人士进入采购梯队，当这些人的职业道路从策略采购转变为战略资源时，他们必须对采购的基本原理有彻底的了解。为了帮助他们的发展，克莱斯勒使用了一种强调采购的训练项目。训练者通过在不同领域循环工作，取得丰富的经验知识。简而言之管理层已经明白采购部门未来的领导者必须在他们承担开发战略的重任前拥有足够的采购运作经验。

通过阅读案例，谈谈你对采购工作的认识。

单元1
概　述

单元2
生产管理演变

单元3
主生产计划

单元4
采购与供应管理

单元5
生产物流计划

单元6
能力计划与系统布置

单元7
生产作业控制

单元 5　生产物流计划

本单元学习目标

通过对本单元的学习你能够：

1. 了解厂内物流与物料需求计划的关系
2. 了解物料需求计划过程
3. 了解物料编码和倒序排产技术

一、判断题（本题型所包含的每道小题都只有正确或错误的一种答案，你认为正确的请在答题卡对应的题号上涂 A，错误的涂 B。）

1. 与销售物流社会化程度较高的特点比，生产物流主要在企业内部运营，以保障持续稳定的生产为基本目标。（　　）

2. 生产物流的基本工作是按照物资需求计划的指令，准时保量无差错的将生产所需要的物资配送到现场和每一个工作中心。（　　）

3. 场内仓储管理的流程包括：货物的接收、检验、存放、分拣、加工、备货。（　　）

4. 厂内物流是根据生产计划、物料需求计划以及生产排程计划组织实施物料供应的一系列运营和管理工作。（　　）

5. 当企业的生产产量确定之后，其所需要的原材料和零部组件的数量随着就可以通过产品的结构加以确定了。（　　）

6. 企业的生产方式和生产类型发生改变，其物流管理的核心也发生改变。（　　）

7. 物料需求计划的制订是遵照先通过主生产计划导出有关物料的需求量与需求时间，然后，根据物料的提前期确定投产或订货时间的计算思路。（　　）

8. 物料清单是 MRP 产品拆零的基础。（　　）

9. 物料清单不必说明组件中各种物料之间的组成结构关系，只需说明各物料需求的数量。（　　）

10. 库存信息是保存企业所有产品、零部件、在制品、原材料等存在状态的数据库。（　　）

11. 物料编码不是 MRP 系统识别物料的唯一标识。（　　）

12. 物料清单就是用规范的数据格式来描述产品结构的文件。（　　）

13. 物料需求计划的基本计算步骤是：计算物料的毛需求量，净需求量计算，批量计算，安全库存、废品率和损耗率计算，下达计划订单，再一次计算。（　　）

14. 物料计划的再次生成包括两种方式，第一种方式是对库存信息重新计算，第二种方

式是只在制订、生成物料需求计划的条件发生变化时，才相应的更新物料需求计划有关部分的记录。(　　)

15. 产品结构是多层次树状结构，其最长的一条加工路线就决定了产品的加工周期。(　　)

16. 企业在对产品及层次安排生产时，应按照产品需求的日期和时间往高层次安排，得出各层次物料的实际需求量。(　　)

17. 企业在制订需求计划时，其中最终原材料就是采购的需求量，中间件就形成了生产的加工计划。(　　)

18. 倒序排产是计算开工日期及完工日期的一种方法。(　　)

19. 物料编码是计算机系统对物料的识别代码。物料编码没有必要是唯一的，也就是，一种物料可以有多个物料编码，一个物料编码也可以有多种物料。(　　)

20. 物料编码时，编码的基本类别有顺序编码和赋义编码。(　　)

21. 层次码是用来表达物料的配置要求，属性码是用来表达物料的统计上的卷叠要求。(　　)

22. MRP 的基本内容是编制零件的生产计划和采购计划。(　　)

23. 混合法物料编码是联合使用阿拉伯数字法、英文字母法和暗示编码法。(　　)

24. 暗示编码法分为英文字母暗示和数字暗示法。(　　)

25. 顺序编码是一种简单编码。在没有现存的编码可利用的前提下，可以考虑顺序编码，也称流水号编码。(　　)

26. 要正确编制零件计划，首先必须落实产品的出产进度计划，用 MRPⅡ的术语就是主生产计划（Master Production Schedule，MPS），MPS 是 MRP 展开的依据。(　　)

27. MRP 通过产品的零件结构，即物料清单，使主生产计划展开成零件计划，MRP 通过库存数量能准确计算出零件的采购量。(　　)

28. 物料需求计划就是根据最终产品的生产计划导出相关物料的需求量。(　　)

29. 国际十进位分类法可无限展开，任何新物料之产生均可插入原有物料编码的系统而不混淆原有物料编码系统。(　　)

30. 区段数字编码法介于连续数字编码法与分级式数字编码法之间。但区段数字编码使用较少。(　　)

31. 分级式数字编码法是先将物料主要属性分为大类并编定其号码。其次再将各大类根据次要属性细分为较次级的类别并编定其号码。(　　)

32. 倒序排产法，是指将 MRP 确定的订单完成时间作为起点，然后安排各道工序，找出各工序的开工日期，进而得到 MRP 订单的最晚开工日期。(　　)

33. 工序生产时间就是估计工件从一个工作中心转移到下一个工作中心运输的等待时间和在工作中心前排队的等待时间。(　　)

34. 以倒序排产的方法编制工序计划，即从订单交货期开始，减去传送、加工、准备和排队时间来确定工艺路线上各工序的开工日期。(　　)

35. 倒排工序的步骤包括信息汇总、计算对工作中心能力的需求和计算工序的交货日期和开工期。(　　)

36. 假定两个工作中心的利用率都是 0.9，效率都是 0.95，每天开一班为 8 小时，则每天的有效工作时间为：$8\times0.9\times0.95=6.84$（小时）。(　　)

37. 计算工序的交货日期和开工期时，采用倒排法，从项目的交货日期往前逐个推算出每道工序的交货期和开工期。(　　)

38. 物料清单是多层次和树状结构的，其最长的一条加工路线就决定了产品的加工周期。(　　)

39. 从生产物流的角度看，企业内的原材料需求和零部件数量的确定是相关需求的管理。它的基本内核是主生产计划。(　　)

40. MRP 系统要正确计算出物料需求的时间和数量，特别是相关需求物料的数量和时间，首先要使系统能够知道企业所制造的产品结构和所有要使用到的物料。(　　)

二、单选题（本题型所包括的每道小题只有一个正确答案，请在给出的选项中选出正确答案。）

1. 物料编码原则的制订应能考虑公司（　　）年内物料的变化趋势。

A. 3　　B. 3 ~ 5　　C. 5 ~ 10　　D. 10

2. 物料编码原则应考虑与产品、生产、采购、货仓运作、物料控制、财务、使用软件系统等相关方面的配合使用。例如，在考虑编码时最好全部采用（　　），以方便软件系统的使用。

A. 字母　　B. 编号　　C. 数字　　D. 罗马符号

3. （　　）是将所有物料依某种方式大致排列，然后自 1 号起依顺序编排流水号。

A. 连续数字编码法　　B. 分级式数字编码法

C. 区段数字编码法　　D. 国际十进位分类法

4. 以下（　　）在物料管理、仓储管理上很不方便。

A. 连续数字编码法　　B. 分级式数字编码法

C. 区段数字编码法　　D. 国际十进位分类法

5. 以下（　　）在编码时是按金字塔形态展开的。

A. 连续数字编码法　　B. 分级式数字编码法

C. 区段数字编码法　　D. 国际十进位分类法

6. 不论企业的生产方式和生产类型是什么样子，其物流管理的核心是（　　）。

A. 物料需求计划　　B. 企业资源计划

C. 粗能力计划　　D. 细能力计划

7. 以下（　　）不是物料编码的原则。

A. 通用性　　B. 可扩展性　　C. 简易性　　D. 兼容性

8. 赋义编码常用的是层次码和（　　）。

A. 储位码　　B. 属性码　　C. 技术图号　　D. 分类加流水号

9. 物料编码方法有很多，比如，阿拉伯数字法、英文字母法、暗示编码法、混合法，下面说法错误的是（　　）。

A. 暗示编码法是指物料编码代表物料的意义

B. 英文字母暗示法是从物料的英文字母中，选择重要且有代表性的一个或者数个英文字作为编码的号码，使阅读物料编码者可以从中想象到英文字，进而联想到该物料

C. 连续数字编码法可做到一料一号，顺序编码可以显示编码时间的先后，与所代表项目的属性通常相关联

D. 在分级式数字编码法中，任一物料项目只有一个物料编码

10. 有关物料需求计划的说法，错误的是（　　）。

A. 物料需求计划中的净需求量的计算是根据毛需求量、可用库存量、已分配量等计算出每种物料的需求量

B. 物料需求计划的制订是遵照先通过主生产计划导出有关物料的需求量与需求时间，然后，再根据物料的提前期确定投产或订货时间的计算思路

C. 物料清单是 MRP 产品拆零的基础

D. 物料编码不是 MRP 系统识别物料的唯一标识

三、多选题（本题型所包含的每道小题都有不止一个正确答案，请选出你认为正确的答案，错选和多选者本小题不得分，少选但选项正确的可得到相应的分数。）

1. 厂内物流管理包括以下（　　）方面。

A. 原材料与在制品的库存管理　B. 仓储管理　C. 搬运装卸设备的选型

D. 产成品的存储及包装　E. 供应商管理

2. 场内仓储管理包括以下（　　）方面。

A. 空间布局　B. 储位管理　C. 存储设备和搬运设备选用

D. 信息技术应用　E. 盘点

3. 物料需求计划的基本步骤有（　　）。

A. 提前期计算　B. 净需求量计算

C. 批量计算　D. 计算物料的毛需求量

4. （　　）在 MRP 系统中被称为“物料”或“项目”。

A. 产品　B. 零部件　C. 在制品　D. 原材料　E. 工装工具

5. 库存信息除了现有库存量之外还包括（　　）。

A. 计划收到量　B. 已分配量　C. 提前期

D. 订购批量　E. 安全库存量

6. 物料编码包括储位码，还包括（　　）。

A. 分类加流水号　B. 技术图号　C. 物料属性号

D. 物料特殊号　E. 国标加规格号

7. 倒排工序步骤中第一步信息汇总包括（　　）。

A. 从已下达的车间订单文件和计划下达订单文件中得到订货量与交货期

B. 从加工工艺文件中获得有关加工信息

C. 从工作中心文件得到有关的排队时间信息

D. 从产品结构中得到的物料需求量信息

E. 从产品结构中得到的物料需求时间信息

8. 目前工商企业所采用的物料编码方法包括（　　）。

A. 阿拉伯数字法　B. 国际十进位分类法　C. 英文字母法

D. 暗示编码法　　E. 混合法

9. 阿拉伯数字编码法有（　　）。

A. 连续数字编码法　　B. 分级式数字编码法　　C. 分段式数字编码法

D. 区段数字编码法　　E. 国际十进位分类法

10. 采用倒排法，计算工序的交货日期和开工期，其推算的依据是提前期，提前期有（　　）构成。

A. 计算时间　　B. 作业时间　　C. 排队时间

D. 移动时间　　E. 有效工作时间

四、情景问答题（请简要回答下面的问题）

1. 李先生刚刚进入到一个生产企业，对物料需求这方面不太了解，请你为李先生介绍一下物料需求计划的基本内容，并解释物料清单的含义。

2. 库存信息是保存企业所有产品、零部件、在制品、原材料等存在状态的数据库，库存信息对企业制订采购计划等工作有很大帮助，请你解释一下库存信息包括哪几个方面，并对它们进行详细解释。

五、论述题

1. 试述倒序排产的定义，以及倒排工序的步骤。

2. 试述物料需求计划的计算步骤。

六、案例题

从最终产品的生产计划（独立需求）导出相关物料（原材料、零部件等）的需求量和需求时间（相关需求）；根据物料的需求时间和生产（订货）周期来确定其开始生产（订货）的时间。

MRP 的基本内容是编制零件的生产计划和采购计划。要正确编制零件计划，首先必须落实产品的出产进度计划，用 MRP Ⅱ 的术语就是主生产计划（Master Production Schedule，MPS），这是 MRP 展开的依据。以自行车为例，简化的产品结构如下图所示。

MRP 还需要知道产品的零件结构，即物料清单（Bill Of Material，BOM），才能把主生产计划展开成零件计划；MRP 通过库存数量能准确计算出零件的采购数量。

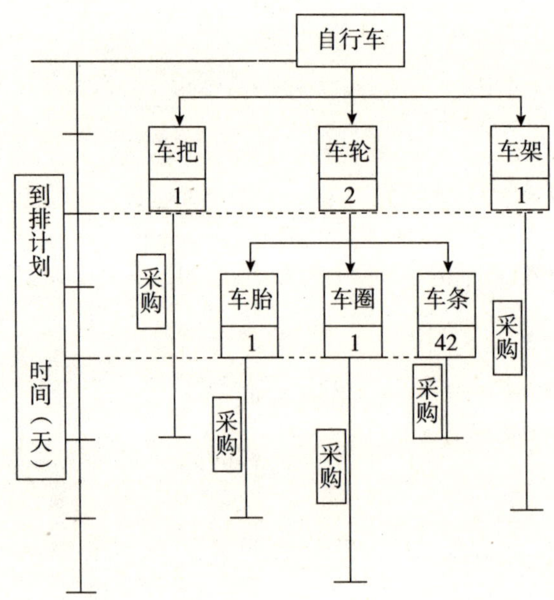

结合案例回答下面的问题：

1. 请你谈一谈物料需求计划的基本内容。

2. 请你解释物料清单的含义。

3. 请你解释倒序排产的含义。

单元1
概　述

单元2
生产管理演变

单元3
主生产计划

单元4
采购与供应管理

单元5
生产物流计划

单元6
能力计划与系统布置

单元7
生产作业控制

单元6　能力计划与系统布置

本单元学习目标

通过本单元的学习你能够：

1. 了解能力计划的基本内容
2. 了解粗能力计划和细能力计划方法
3. 了解系统布置相关知识

一、判断题（本题型所包含的每道小题都只有正确或错误的一种答案，你认为正确的请在答题卡对应的题号上涂 A，错误的涂 B。）

1. 能力计划是生产企业对产能资源进行计划的过程，任何管理都离不开对自身能力的依赖。（   ）

2. 能力需求计划分为粗能力计划和细能力计划，粗能力计划关注流程中的非关键路径，细能力计划则进一步关注关键路径活动的方面。（   ）

3. 系统布置则是研究企业建设过程中以及在后期的调整过程中，对生产设施以及物流设施进行合理布局。合理的布局将会对企业未来生产过程中快速高效的物流活动产生重要的影响。（   ）

4. 工艺路线也称加工路线，是描述物料加工、零部件装配的操作顺序的技术文件，是多个工序的组合。（   ）

5. 工序是生产作业人员或机器设备为了完成指定的任务而做的一个动作或一连串动作，是加工物料、装配产品的最基本的加工作业方式，是与工作中心、外协供应商等位置信息直接关联的数据，是组成工艺路线的基本单位。（   ）

6. 通常一条流水线就是一条工序路线，这条流水线上包含了许多的工艺。（   ）

7. 工艺路线和工序是一成不变的，不会随着生产类型、技术进步、产品发展和员工素质的不断提高而变化。（   ）

8. 时间定额是完成一个工序所需的时间，它是劳动生产率指标。（   ）

9. 合理的时间定额能调动工人的积极性，促进工人技术水平的提高。从而不断提高劳动生产率。（   ）

10. 对机加工而言，辅助时间就是切去金属所消耗的时间。（   ）

11. 操作时间 = 基本时间 T_j – 辅助时间 T_f。（   ）

12. 操作时间主要指：熟悉工艺文件、领取毛坯、安装夹具、调整机床、拆卸夹具等所消耗的时间。（   ）

13. 准备与终结时间 T_Z 的计算方法：根据经验进行估算。(　　)

14. 准终时间随批量大小而不同，批量越小，每一零件的准终时间越多。(　　)

15. 在大量生产中，产品终年不变，可不计准终时间。(　　)

16. 时间定额是正确确定物资需要量，编制物资供应计划的重要依据，是产品成本核算和经济核算的基础。(　　)

17. 物资消耗定额应在保证产品质量的前提下，根据本厂生产的具体条件，结合产品结构和工艺要求，以理论计算和技术测定为主，以经验估计和统计分析为辅来制定最经济最合理的消耗定额。(　　)

18. 所谓粗能力计划是指在闭环 MRP 通过 MRP 运算得出对各种物料的需求量后，计算各时段分配给工作中心的工作量，判断是否超出该工作中心的最大工作能力，并作出调整。(　　)

19. 目前常用的粗能力计划的编制方法是资源清单法。(　　)

20. 粗能力计划过程的最后步骤将是对生产能力和物料需求进行初步的平衡性调整。(　　)

21. 所谓细能力计划是指在闭环 MRP 设定完毕主生产计划后，通过对关键工作中心生产能力和计划生产量的对比，判断主生产计划是否可行。(　　)

22. 浮动时间指在此时间段内，活动的开始时间可以调整，给计划者留有余地来充分指派产能。(　　)

23. 粗能力计划是保障完成任务而关注效果，细能力计划就是在保障效果的情况下而进一步关注产能的节约。(　　)

24. 粗能力计划从产能的角度保证了市场需求的可执行性。(　　)

25. 细能力计划只计算关键工作中心的负荷，而粗能力计划需要计算所有工作中心的负荷情况。(　　)

26. 粗能力计划计算时间较短，而细能力计划计算时间长，不宜频繁计算、更改。(　　)

27. 参与闭环 MRP 计算的时间点不一致，粗能力计划在主生产计划确定后即参与运算，而细能力计划是在物料需求计划运算完毕后才参与运算。(　　)

28. 传统的 SLP 方法是基于计划推动式生产的方法，而现代企业的生产是基于市场订单需求属于拉动式生产，所以传统的 SLP 方法不适合现代企业的生产特点。(　　)

29. SLP 方法基本上是动态的，其布置设计和生产系统具有适当的弹性柔性能紧随市场变

化及时地、适度地进行调整。(　　)

30. 动线型 SLP 法和传统的 SLP 法在初步方案形成阶段所采用的方法是不同的。(　　)

31. 所谓物料流向图法，是用各单位之间物流量（物流强度）大小来确定物流之间移动的最合理顺序并依此进行厂内布置的一种方法。其目标是增加各生产环节间的交叉往返运输时间。(　　)

32. 在运用物料流向图法的过程中，具体包括工艺路线的绘制、适合性系数计算、选择最优方案。(　　)

33. 所谓物流从至分析表指加工的产品从一个工序（设备）运至另一个工序（设备）搬运量的汇总表。(　　)

34. 适合性系数是依据规定的相关接近原则，用物流量判定抽象布置方案优劣的标准。(　　)

35. 适合性系数是指满足接近原则的物流量占总物流量的比率。比率越低，方案越优。(　　)

二、单选题（本题型所包括的每道小题只有一个正确答案，请在给出的选项中选出正确答案。）

1. 粗能力计划和细能力计划是确保完成生产任务的前提下，对资源进行合理配置，提升生产效率并（　　）。

A. 保证质量　　B. 节约成本　　C. 使客户满意　　D. 满足市场需求

2. 能力计划是生产企业对产能资源进行计划的过程，又可分为两种能力计划，粗能力计划和细能力计划。下面正确的描述是（　　）。

A. 粗能力计划关注流程中非关键路径　　B. 细节能力计划关注关键路径活动的方面

C. 粗能力计划关注流程中的关键路径　　D. 细能力计划又被称为产能负荷分析

3. 下面不属于能力计划的关键要素是（　　）。

A. 工艺线路　　B. 时间定额　　C. 系统布置　　D. 物资消耗定额

4. 一般情况下，不属于工艺路线数据的是（　　）。

A. 成本与效能　　B. 工艺路线名称　　C. 工艺路线类型　　D. 工艺路线编码

5. 时间定额是完成一个工序所需的时间，它是（　　）指标。

A. 投入产出率　　B. 劳动生产率　　C. 社会效益　　D. 员工出勤率

6. 随着企业生产技术条件的不断改善，对时间定额（　　）进行修订，以保持定额的平均先进水平。

A. 必要时才能　　B. 随时　　C. 定期　　D. 不能

7. 直接改变生产对象的尺寸、形状、相对位置以及表面状态等工艺过程所消耗的时间，称为（　　）时间。

A. 服务　　B. 操作　　C. 辅助　　D. 基本

8. 时间定额中，对机器加工而言，基本时间就是（　　）所消耗的时间。

A. 装卸工件　　B. 修整刀具　　C. 清理切削　　D. 切去金属

9. 时间定额中，下面不属于服务时间的是（　　）。

A. 整理工具　　B. 换刀　　C. 润滑机床　　D. 开停机床

10. 时间定额中，下面属于准终时间的是（　　）。

A. 装卸工件　　B. 测量工件尺寸　　C. 整理工具　　D. 领取毛坯

11. 时间定额中，服务时间 T_w（布置工作地时间）的计算方法：一般按操作时间的（　　）进行计算。

A. 1% ~5%　　B. 2% ~7%　　C. 5% ~8%　　D. 8% ~10%

12. 时间定额中，休息时间 T_x 的计算方法：一般按操作时间的（　　）进行计算。

A. 2%　　B. 4%　　C. 6%　　D. 8%

13. 准终时间随批量大小而不同，批量越大，每一零件的准终时间（　　）。

A. 越多　　B. 越少　　C. 不变　　D. 不确定

14. 产品成本核算和经济核算的基础是（　　）。

A. 工艺路线　　B. 时间定额　　C. 物资消耗定额　　D. 工艺消耗定额

15. 物资消耗定额可分为（　　）定额和非工艺消耗定额两部分。

A. 工序消耗　　B. 设备消耗　　C. 人员　　D. 工艺消耗

16. 未构成产品实体的材料，如石蜡、苏州土等属于工艺消耗定额中的（　　）消耗。

A. 材料代用损耗　　B. 主要原材料　　C. 工艺性辅助材料　　D. 废品消耗

17. 实体的材料消耗，如六角钢、氧化铝等属于工艺消耗定额中的（　　）消耗。

A. 材料代用损耗　　B. 主要原材料　　C. 工艺性辅助材料　　D. 废品消耗

18. 废品消耗、材料代用损耗，设备调整中的损耗属于（　　）消耗。

A. 材料代用损耗　　B. 主要原材料　　C. 工艺性辅助材料　　D. 非工艺性辅助材料

19. 制定物资消耗定额的基本方法不包括（　　）。

A. 技术计算法　　B. 统计分析法　　C. SLP 法　　D. 经验估计法

20. 关键路径是网络图中时间消耗（　　）的路径。

A. 最短　　B. 最长　　C. 相等　　D. 介于最短和最长之间

21. 目前常用的粗能力计划的编制方法是（　　）。

A. 技术计算法　　B. 资源清单法　　C. 统计分析法　　D. 经验估计法

22. 粗能力计划过程的最后步骤是（　　）。

A. 判定各时段能力负荷　　B. 生成粗能力计划

C. 分析各时段负荷因素　　D. 调整生产能力和需求计划

23. 平衡性调整原则上的调整方法有减轻负荷和（　　）；具体做法例如延长交货期，取消部分订单，再如加班加点，增加设备等。

A. 增加设备　　B. 减少人员　　C. 增加能力　　D. 减少需求

24. 除了关键路径外，其他活动都（　　）具有浮动时间。

A. 不可能　　B. 有可能　　C. 一定　　D. 不确定

25. 细能力计划从（　　）的角度保证了市场需求的可执行性。

A. 时间　　B. 质量　　C. 产品　　D. 产能

26. 细能力计划的主要特点不包括（　　）。

A. 支持多工厂日历　　B. 支持能力和负荷的在线调整

C. 提高制造资源利用效率　　D. 提供能力查询的图形显示

27. 细能力计划的应用价值不包括（　　）。

A. 预知未来的加班与停工　　B. 实时维护资源清单

C. 有效协调资源负荷

D. 准确计算每个任务每天每道工序的能力需求和负荷

28. 对于 SLP 法直接应用在现代企业设施布置中存在的问题描述错误的是（　　）。

A. 传统的 SLP 方法是基于市场订单需求的拉动式生产，而现代企业的生产是基于计划推动式生产的方法

B. 缺少物流战略规划

C. SLP 方法缺少动线分析过程

D. 缺少动态柔性

29. 不属于传统 SLP 法设计的基本要素是（　　）。

A. 工艺过程　　B. 产量　　C. 产品　　D. 建造预算

30. 在运用物料流向图法的过程中，不包括（　　）。

A. 工艺路线的绘制　　B. 制作从至卡片

C. 确定设施布置类型　　D. 适合性系数计算

31. 在能力计划要素中，（　　）是描述物料加工、零部件装配的操作顺序的技术文件，是多个工序的组合。

A. 工艺线路设计　　B. 时间定额

C. 人力资源定额　　D. 物资消耗定额

32. 制定物资消耗定额的基本方法中，（　　）是根据产品的设计结构、技术要求、工艺流程、合理的下料方案来制定消耗定额的方法。

A. 技术计算法　　B. ABC 管理法　　C. 统计分析法　　D. 经验估计法

三、多选题（本题型所包含的每道小题都有不止一个正确答案，请选出你认为正确的答案，错选和多选者本小题不得分，少选但选项正确的可得到相应的分数。）

1. 下面（　　）是生产能力计划的要素。

A. 工艺线路　　B. 时间定额　　C. 物资消耗定额

D. 需求冻结　　E. 计划冻结

2. 关于“工序”的描述内容正确的有（　　）。

A. 是生产作业人员或机器设备为了完成指定的任务而做的一个或一连串动作

B. 是加工物料、装配产品最基本的加工作业方式

C. 是与工作中心、外协供应商等位置信息直接关联的数据

D. 是组成工艺路线的基本单位

E. 是前后工作中心关系的称谓

3. 编写工艺路线的过程包括（　　）。

A. 确定原材料、毛坯

B. 确定加工、装配顺序即确定工序

C. 基于尺寸和精度的要求，确定各个作业的额定工时

D. 规划生产面积

E. 选定工作中心，根据企业现有的能力和将来可能有的条件

4. 工艺路线和工序不是一成不变的，会随着（　　）的不断提高而变化的。

A. 企业改制　　B. 生产类型　　C. 技术进步

D. 产品发展　　E. 员工素质

5. 根据时间定额可以（　　），因此时间定额是工艺规程的重要组成部分。

A. 规划生产面积　　B. 安排生产作业计划　　C. 进行成本核算

D. 确定设备数量　　E. 确定人员编制

6. 时间定额通常由（　　）相结合，通过总结过去的经验并参考有关的技术资料估计确定。

A. 管理人员　　B. 定额员　　C. 工艺人员

D. 工人　　E. 时间记录员

7. 时间定额由（　　）组成。

A. 基本时间　　B. 辅助时间　　C. 服务时间

D. 休息和生理需要时间　　E. 准备与终结时间

8. 辅助时间指各种辅助动作所消耗的时间，主要指（　　）等动作所消耗的时间。

A. 装卸工件　　B. 开停机床　　C. 改变切削用量

D. 清理切削　　E. 进退刀

9. 服务时间指为正常操作服务所消耗的时间，主要指（　　）等所消耗的时间。

A. 换刀　　B. 修整刀具　　C. 润滑机床

D. 测量工件尺寸　　E. 整理工具

10. 准终时间指为生产一批零件，进行准备和结束工作所消耗的时间，主要指（　　）等所消耗的时间。

A. 拆卸夹具　　B. 领取毛坯　　C. 安装夹具

D. 改变切削用量　　E. 调整机床

11. 下面属于工艺性辅助材料消耗定额的是（　　）。

A. 六角钢　　B. 石蜡　　C. 氧化铝

D. 废品消耗　　E. 苏州土

12. 制定物资消耗定额的基本方法主要有（　　）。

A. 头脑风暴法　　B. 技术计算法　　C. 统计分析法

D. 评分法　　　　　　E. 经验估计法

13. 资源清单法的步骤包括（　　）。

A. 生成粗能力计划　　　　B. 分析各时段负荷因素

C. 动线分析　　　　　　D. 调整生产能力和需求计划

E. 建立关键中心资源清单

14. 细能力计划的主要特点有（　　）。

A. 预知未来的加班与停工　　B. 提供能力查询的图形显示

C. 支持多工厂日历　　　　D. 支持能力和负荷的在线调整

E. 有效协调资源负荷

15. 细能力计划的应用价值主要有（　　）。

A. 准确计算每个任务每天每道工序的能力需求和负荷

B. 预知未来的加班与停工

C. 有效协调资源负荷

D. 提高制造资源利用效率

E. 提高劳动生产率

16. 传统系统布置设计（SLP 法）中将研究工程布置问题的依据和切入点归纳为（　　）基本要素。

A. 产品 P　　　　B. 产量 Q　　　　C. 工艺过程 R

D. 辅助部门 S　　　E. 时间 T

17. 传统系统布置设计（SLP 法）的工作内容包括（　　）。

A. 对各作业单位之间的相互关系做出分析

B. 绘制作业单位位置相关图

C. 将各作业单位实际占地面积与作业单位位置结合起来，形成作业单位面积相关圈

D. 修正和调整作业单位面积相关图

E. 采用加权因素对各方案进行评价择优

18. 在现代企业设施布置中直接应用 SLP 法进行设施布置设计存在的问题（　　）。

A. 不适合现代企业的生产特点　　　　B. 缺少物流战略规划

C. 缺少动态柔性　　　　　　　　　　D. 缺少动线分析过程

E. 由于是手工布置易受主观因素影响

19. 动线型 SLP 法中需要对各作业区内部所使用的（　　）等进行详细布置和安排。

A. 作业场所　　B. 车间通道　　C. 产品的品种数量

D. 设备器具　　E. 各种设施

20. 动线型 SLP 法与传统 SLP 法相比存在的不同点包括（　　）。

A. 基础数据　　B. 背景资料　　C. 程序

D. 原理　　E. 动线型 SLP 强调设施布置设计的柔性

21. 传统 SLP 法的设计基本要素包括（　　）。

A. 工艺过程　　B. 辅助部门　　C. 时间

D. 产量　　E. 产品

22. 动线型 SLP 法主要依赖于（　　）等要素。

A. 产品　　B. 数量　　C. 流程

D. 工艺过程　　E. 时间安排

23. 一般来说，现代企业布置设计的柔性、弹性可以从（　　）等多方面考虑采取多种措施来实现。

A. 布置设计　　B. 建筑技术　　C. 机械制造

D. 设备器具　　E. 作业场所

24. 实现现代企业布置设计的柔性、弹性的措施有（　　）。

A. 利用组合式厂房，可拆卸墙体，必要时拆迁重新组装搭建，利于快速变动和调整

B. 机器设备布置时多采用成组技术、可重构技术

C. 注意各种机械设备、建筑设施等的标准化、模块化

D. 机器设备的安装固定多采用弹性固定，可移动性支撑构件等

E. 多利用大跨度车间厂房

25. 在运用物料流向图法的过程中，具体包括（　　）。

A. 工艺路线的绘制　　B. 制作从至卡片　　C. 适合性系数计算

D. 布置设计　　E. 选择最优方案

四、情景问答题（请简要回答下面的问题）

1. 李先生是某生产企业的生产部门主管，其工作的内容包括对产能进行计划，请谈一谈能力计划的关键因素。

2. 王先生是某生产企业的生产部门主管，为了完成整个年产目标，决定采用粗能力计划，而目前常用的粗能力计划的编制方法是资源清单法，请说明资源清单法的步骤。

3. 在企业的生产计划协调会上，各车间与厂计划科之间总会讨价还价，争论最激烈的往往是细能力计划的内容，而对粗能力计划一般没有太大的歧义。我们知道，粗能力计划是非常重要的，是决定企业生产目标能够实现的关键计划阶段。但为什么双方在这个阶段没有太多的争议呢？请你给出解释和理由。

4. 某企业采用传统的系统布置设计（SLP 法）对生产的相关设施进行布置，请简述具体计划内容有哪些？

5. S 公司在设施布置设计的讨论会上，对应用何种方法产生了严重分歧，王经理建议直接应用 SLP 法，但是孙经理却反对，请简单阐述孙经理反对的原因。

6. 某金属加工车间采用物料流向图法进行厂内布置，请简述物料流向图法具体包括的内容。

五、论述题

1. 试述能力计划的基本内容。

2. 试述动线型 SLP 法与传统 SLP 法的异同。

3. 试述物料流向图法的具体过程。

六、案例题

某快餐店欲布置其生产和服务设施。该快餐店共分 6 个部分，计划布置在 10 米 ×20 米的区域内。以下各图就是该快餐店的布置过程。从 1 ~5 总计 5 个步骤，步骤 4 中的关系图数据是参考关系密切程度分类表填写的。

1. 列出关系密切程度（A、X），如图 1 所示。各部门间 A 关系与 X 关系如下所示。

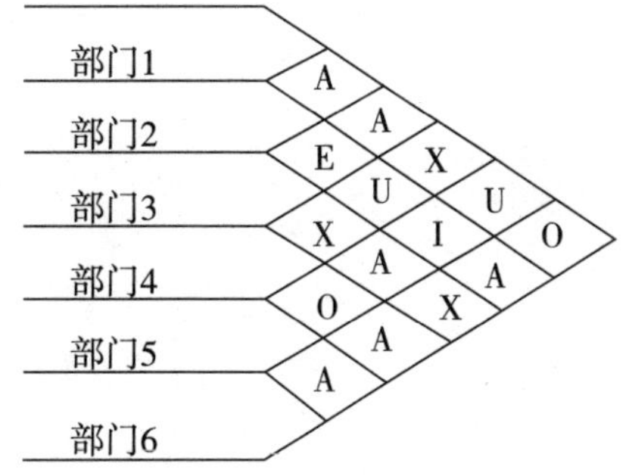

图 1　关系密切程度

A：1—2，1—3，2—6，3—5，4—6，5—6。

X：1—4，3—6，3—4。

2. 编制主联系簇（如图2所示）。

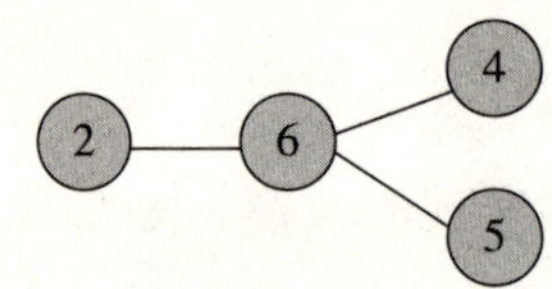

图2　主联系簇

3. 考虑其他与A联系的部门（如图3所示）。

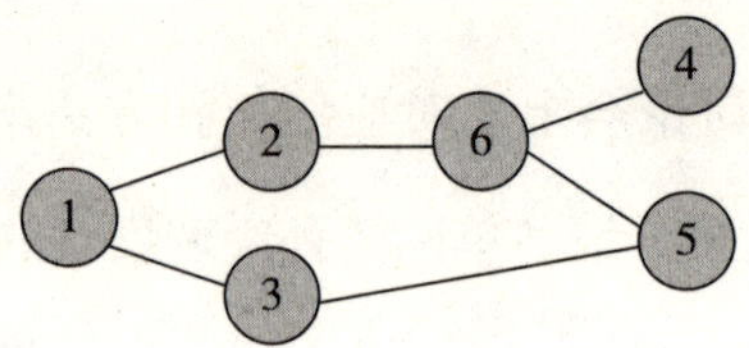

图3　其他与A联系的部门

4. 画出X关系图（如图4所示）。

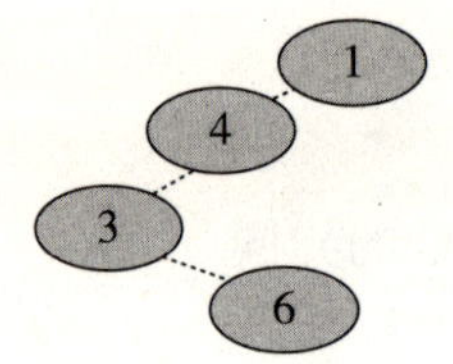

图4　X关系图

5. 安置各部门（如图5所示）。

1	2	6
3	5	4

图5　安置各部门

阅读案例后请简要说明系统布置方法的动线型SLP法的程序模式。

单元1
概　述

单元2
生产管理演变

单元3
主生产计划

单元4
采购与供应管理

单元5
生产物流计划

单元6
能力计划与系统布置

单元7
生产作业控制

单元7　生产作业控制

本单元学习目标

通过对本单元的学习你能够：

1. 了解生产进度控制的基本思想
2. 了解进度控制的一般原则
3. 了解生产作业控制的主要技术

一、判断题（本题型所包含的每道小题都只有正确或错误的一种答案，你认为正确的请在答题卡对应的题号上涂 A，错误的涂 B。）

1. 生产作业控制，是在生产计划执行过程中，对有关产品生产的数量和期限的控制。主要目的是保证完成生产作业计划所规定的产品产量和交货期限指标。(　　)

2. 生产进度控制是生产控制的基本方面，狭义的生产控制就是指生产数量控制。(　　)

3. 生产进度控制贯穿整个生产过程，从生产技术准备开始到产成品入库为止的全部生产活动都与生产进度有关。习惯上人们将生产进度等同于出产进度。(　　)

4. 影响生产进度计划归根结底是因为人员的有效作业时间不足而影响生产进度。(　　)

5. 建立足够的库存作缓冲，就应付欠产而言，这也是一种非常节约的方法。(　　)

6. 设备故障是许多企业造成欠产的最主要原因，减少设备故障率，缩短设备修理时间，也是进度控制中普遍采用的一项措施。建立一套完整严格的设备检修保养制度，是降低设备故障率的有效措施。(　　)

7. 时间资源具有刚性，损失的时间是无法追回的，损失的机时一般只能通过加班的途径补回来，这需要支付加班工资补回。(　　)

8. OPT 最初被称作最佳生产时间表，20 世纪 80 年代才改称为约束理论（TOC），后来又进一步将它发展成为最佳生产技术。(　　)

9. OPT 的倡导者强调，任何企业的真正目标是现在和未来都赚钱；要实现这个目标，必须在增加产销率的同时，减少库存和营运费用。(　　)

10. 最佳生产技术是一套可提高产出、减少存货的分析性技术理论。OPT 系统将重点放在控制整体产出的瓶颈资源上，优先处理所有瓶颈作业，并以平衡物料流动为原则，使整个系统达到产出最大的目的。(　　)

11. 识别企业的真正约束（瓶颈）所在是控制物流的关键。一般来说，当需求超过能力时，排队最长的机器就是“非瓶颈”。(　　)

12. 为了充分利用瓶颈的能力，在瓶颈上可采用缩小批量的方法，以减少调整准备时间，

提高瓶颈资源的有效工作时间。(　　)

13. “缓冲器”管理的目的是防止系统内外的随机波动造成瓶颈出现等待任务的情况。(　　)

14. 进入系统非瓶颈的物料应与瓶颈的产出率同步。一般是按无限能力，用倒排方法对非关键资源排序。非关键资源上排序的目标是使之与非关键资源上的工序同步。(　　)

15. OPT 的生产排序原则有：重要的是平衡能力，不是平衡物流。(　　)

16. 约束理论认为生产控制的重点是平衡物流，不是平衡能力。物流平衡使各个工序与瓶颈同步，能力平衡使生产能力充分开动。(　　)

17. OPT 的计划与控制系统又称为 DBR 系统（“鼓”、“缓冲器”和“绳子”，简称 DBR 法）。(　　)

18. 约束理论（Theory of Constraints，TOC）是在优化生产技术（OPT）基础上发展起来的管理哲理，该理论提出了在制造业经营生产活动中定义和消除制约因素的一些规范化方法，以支持连续改进。TOC 也是对 MRPII 和 JIT 在观念和方法上的发展。(　　)

19. TOC 是一套即找出妨碍实现系统目标的约束条件，并对它进行消除的系统改善方法。(　　)

20. OPT 强调必须把企业看成是一个系统，从整体效益出发来考虑和处理问题。(　　)

21. 运行费用包括了除材料以外的成本，库存保管费用不属于运行费用。(　　)

22. TOC 把主生产计划比喻成“鼓”，鼓点相当于指挥生产的节拍。(　　)

23. 在所有瓶颈和总装工序前不能保留物料储备缓冲，那样才能保证充分利用瓶颈资源，实现最大的有效产出。(　　)

24. 头道工序和其他需要控制的工作中心如同用一根传递信息的绳子牵住的队伍，按同一节拍，控制在制品流量，以保持在均衡的物料流动条件下进行生产。(　　)

25. 瓶颈工序前的非制约工序可以用顺排计划，瓶颈工序用倒排计划，后续工序按瓶颈工序的节拍组织生产。(　　)

26. 苏格拉底法用来解决“改变的方向”问题，该方法发展了 JIT 对消除无效劳动和浪费的“刨根问底”思想，并提出了一些指导性的规则。(　　)

27. JIT 是一种改善生产管理的技术，以色列物理学家 Eliyahu Goldratt 博士于 20 世纪 70 年代提出，用于安排企业生产人力和物料调度的计划方法。(　　)

28. JIT 哲理的核心是消除一切无效的劳动与浪费。(　　)

29. JIT 要求消除各种引起不合理的原因，在加工过程中某一工序要求达到最好水平。(　　)

30. JIT 认为，库存是生产系统设计不合理、生产过程不协调、生产操作不良的证明。(　　)

31. JIT 的时间目标中，准备时间长短与批量选择相联系，如果准备时间趋于零，准备成本也趋于零，就有可能采用极大批量。(　　)

32. JIT 通过生产同步化、生产均衡化、弹性配置作业人数三种手段来达到其目标，三种手段毫无联系。(　　)

33. 关于 JIT 的支持手段，生产的同步化不需通过后工序领取等来实现。(　　)

34. 所谓生产的均衡化，是指总装配线在向前工序领取零部件时应均衡地使用各种零部件，生产各种产品。(　　)

35. 根据生产量的变动，弹性地增减各生产线的人数，以及尽量用较少的人力完成较多的生产。(　　)

36. 看板是用来控制生产现场的生产排程工具。(　　)

37. 看板必须按照既定的运用规则来使用，没有看板不能生产，但能运送。(　　)

38. 根据看板管理规则，看板数量减少，则生产量也相应减少。(　　)

39. 通过看板的运用能够做到自动防止过量生产，做到适量运送。(　　)

40. 看板运用规则：不能把不良品送往后工序。(　　)

41. 看板运用规则：看板不能在实物上存放。(　　)

42. 看板运用规则：前工序按照看板取下的顺序进行生产。(　　)

43. JIT 方式无论是供应商还是经销商，以对手相对待，优化自属小范围；大批量生产方式则以整个大生产系统为优化目标。(　　)

44. 大批量生产方式的库存管理强调“库存是万恶之源”；精益生产方式的库存管理强调“库存是必要的恶物”。(　　)

45. 传统大批量生产方式的用人制度基于双方的“雇用”关系，业务管理中强调达到个人工作高效的分工原则，并以严格的业务稽核来促进与保证。(　　)

46. 精益生产源于日本，深受东方文化影响，在专业分工时强调相互协作及业务流程的精简（不包括不必要的核实工作）以此消灭业务中的浪费。(　　)

47. 精益生产方式将一定量的次品看成生产中的必然结果；大批量生产消除一切次品所

带来的浪费，追求零不良。(　　)

48. 大批量生产方式中，人被看作附属于岗位的“设备”；精益生产则将员工视为企业团体的成员。(　　)

49. PERT 即计划评审技术，最早是由美国海军在计划和控制北极星导弹的研制时提出的。(　　)

50. 构造 PERT 图，需要明确事件、时间、活动和关键路线。(　　)

51. 关键时间是指网络终端元素的元素序列，该序列具有最长的总工期并决定了整个项目的最短完成时间。(　　)

52. 一个项目只能有一个关键路线。(　　)

53. Kaizen 意味着改进，涉及每一个人、每一环节的连续不断的改进：从最高的管理部门、管理人员到工人。(　　)

54. 为了保证 Kaizen 的导入能够成功，首先要引入 SDCA 循环。(　　)

55. 任何一个工作过程开始不稳定时可先采用 PDCA 循环，只有当已有标准存在并被遵守并且现有的过程也稳定的情况下，才可以进入 SDCA 循环。(　　)

56. PDCA 作为一种质量管理方法同样可以应用在物流服务质量管理中。(　　)

57. 质量、成本、交货期这三个企业目标中，质量应永远享有优先权。(　　)

58. “下一道工序就是客户”这句话表明了两种客户类型的存在：内部客户（企业内）和外部客户（市场上）。(　　)

59. Kaizen 以标准化、5S 和消除“浪费（Muda）”，来达到企业的 QCD（质量、成本和交货期）目标。(　　)

60. 标准化、5S 以及消除“浪费（Muda）”这三种活动是企业建立起高效、成功和扁平化的工作现场结构的基础。(　　)

二、单选题（本题型所包括的每道小题只有一个正确答案，请在给出的选项中选出正确答案。）

1. 生产作业控制，是在生产计划执行过程中，对有关产品生产的数量和（　　）的控制。

A. 期限　　B. 质量　　C. 价格　　D. 工艺

2. 生产进度控制的基本内容不包括（　　）。

A. 投入进度控制　　B. 准备进度控制

C. 工序进度控制　　D. 产出进度控制

3. 生产进度控制的基本过程不包括（　　）。

A. 分配作业　　B. 处理差距

C. 提出报告　　D. 测定进度

4. 不属于生产进度控制的通用措施的是（　　）。

A. 库存缓冲　　B. 抢修设备

C. 培养进度管理人才　　D. 加班

5. 在任何计划中都要兼顾质量、交期和成本三个重要指标。在任何计划中不属于质量、交期和成本三者之间的关系是（　　）。

A. 质量上升将导致成本下降　　B. 交期缩短将导致成本上升

C. 成本下降将导致质量下降　　D. 质量上升将导致交期缩短

6. 设备故障是许多企业造成欠产的最主要原因，减少设备故障率，缩短设备修理时间，也是（　　）控制中普遍采用的一项措施。

A. 进度　　B. 欠产　　C. 流程　　D. 管理

7. 最佳生产技术 OPT 是一种改善（　　）的技术，用于安排企业生产人力和物料调度的计划方法。

A. 人员素质提高　　B. 设备改造　　C. 生产管理　　D. 技术引进

8. OPT 系统将重点放在控制整体产出的（　　）资源上，优先处理所有瓶颈作业，并以平衡物料流动为原则，使整个系统达到产出最大的目的。

A. 瓶颈　　B. 优势　　C. 有效　　D. 重要

9. 控制物流的关键是（　　）。

A. “缓冲器”的管理　　B. 控制进入非瓶颈的物料

C. 识别企业的真正约束（瓶颈）　　D. OPT 的生产排序

10. 为防止系统内外的随机波动造成瓶颈出现等待任务的情况。一般要设置一定的（　　）缓冲或时间缓冲。

A. 员工　　B. 库存　　C. 作业　　D. 设备

11. OPT 管理思想具体体现在生产排序原则上，其中的原则之一是（　　）。

A. 重要的是平衡物流，不是平衡能力　　B. 生产同步化

C. 生产均衡化　　　　D. 弹性地增减各生产线的作业人数

12. 对实施 OPT 原则描述不正确的是（　　）。

A. 制造系统的资源可分为瓶颈和非瓶颈两种

B. 瓶颈资源损失一小时不相当于整个系统损失一小时

C. 重要的是平衡物流

D. 产销率和库存量是由瓶颈资源决定的

13. DBR 系统中的“D”指（　　）。

A. 桶　　B. 鼓　　C. 缓冲器　　D. 绳子

14. 约束理论是以色列物理学家开创的优化生产技术基础上发展起来的（　　）。

A. 管理方法　　B. 管理能力　　C. 管理技术　　D. 管理哲理

15. 约束理论提出了在制造业经营生产活动中定义和消除制约因素的一些（　　）方法，以支持连续改进。

A. 规范化　　B. 理想化　　C. 进度化　　D. 智能化

16. 不属于 TOC 的基本要点是（　　）。

A. 企业是一个系统，其目标是在当前和今后为企业获得更多的利润

B. 一切妨碍企业实现整体目标的因素都是约束

C. DBR 法和缓冲管理法

D. TOC 保持传统的会计成本概念

17. TOC 把主生产计划比喻成（　　），根据瓶颈资源和能力约束资源的可用能力来确定企业的最大物流量。

A. “鼓”　　B. “缓冲”　　C. “绳”　　D. “鼓点”

18. 在所有瓶颈和总装工序前要保留物料储备缓冲，以保证充分利用瓶颈资源，实现最大的有效产出，并按照瓶颈工序的物流量来控制瓶颈工序（　　）工序的物料投放量。

A. 前道　　B. 后道　　C. 中间　　D. 关键

19. 准时生产方式的优点不包括（　　）。

A. 减少库存　　B. 降低成本　　C. 提高质量　　D. 提高生产效率

20. 生产过程中的浪费现象不包括（　　）。

A. 停顿浪费　　B. 包装浪费　　C. 搬运浪费　　D. 加工浪费

21. JIT 认为，（　　）是生产系统设计不合理、生产过程不协调、生产操作不良的证明。

A. 配送　　B. 库存　　C. 采购　　D. 信息

22. JIT 的支持手段不包括（　　）。

A. 生产同步化　　B. 生产均衡化

C. 弹性配置作业人数　　D. 设备现代化

23. 在实现 JIT 生产中最重要的管理工具是（　　）。

A. 作业任务　　B. 生产指令　　C. 看板　　D. MRP

24. 看板上的信息不包括（　　）。

A. 零件号码　　B. 产品名称　　C. 产品质量　　D. 容器形式

25. 临时看板比其他种类的看板相比，灵活性（　　）。

A. 较小　　B. 较大　　C. 一样　　D. 无法确定

26. 准时生产方式和大批量生产方式之间的差别不包括（　　）。

A. 优化范围不同　　B. 质量观不同

C. 对待产品的态度不同　　D. 对人的态度不同

27. 下面是有关准时制生产方式和大规模生产方式特点的描述，正确的是（　　）。

A. 精益生产方式将一定量的次品看成生产中的必然结果

B. 传统的生产方式将一定量的次品看成生产中的必然结果

C. 大规模生产方式认为让生产者自身保证产品质量的绝对可靠是可行的，且不牺牲生产的连续性

D. 大规模生产强调个人对生产过程的干预，尽力发挥人的能力性

28. 精益生产方式一方面强调（　　）的保证，另一方面强调对零库存的要求，从而不断暴露生产中基本环节的矛盾并加以改进。

A. 供应物流　　B. 供应对生产　　C. 生产高效率　　D. 生产低能耗

29. 精益生产提出了"（　　）"的口号。

A. 缩减一切成本　　B. 消灭没必要浪费　　C. 消灭一切浪费　　D. 保证生产供应

30. 构造 PERT 图，需要明确三个概念：事件、活动和（　　）。

A. 关键任务　　B. 关键资源　　C. 关键人员　　D. 关键路线

31. 一个项目可以有多个并行的关键路径。另一个总工期比关键路径的总工期略少的一条并行路径被称为（　　）。

A. 次关键线路　　B. 总关键线路　　C. 另关键线路　　D. 第二关键线路

32. 在计划评审技术理论中，对关键路径描述错误的是（　　）。

A. 关键路径是指网络终端元素的序列，该序列具有最长的总工期并决定了整个项目的最短完成时间

B. 关键路径的工期决定了整个项目的工期

C. 任何关键路径上的终端元素的延迟将直接影响项目的预期完成时间

D. 一个项目只有一个关键路径

33. Kaizen 的关键因素不包括（　　）。

A. 质量　　B. 产品

C. 所有员工的努力　　D. 所有员工的介入

34. 具有质量优先、以数据说话、视下一道工序为客户的特点是（　　）。

A. Kaizen 连续改善　　B. OPT 优化生产技术

C. JIT 准时生产　　D. TOC 约束理论

35. 质量、成本、交货期这三个企业目标中，永远享有优先权的是（　　）。

A. 质量　　B. 成本　　C. 交货期　　D. 不确定

36. 企业建立高效、成功和片扁平化的工作现场结构的基础不包括（　　）。

A. 标准化　　B. 5S

C. PDCA 循环　　D. 消除“浪费（Muda）”

37. 5S 的内容不包括（　　）。

A. 整顿　　B. 整理　　C. 安全　　D. 素养

38. 一般引起浪费的原因不包括（　　）。

A. 少量生产引起的浪费　　B. 生产中的浪费

C. 等待所产生的浪费　　D. 运输过程中的浪费

39. 没有遵循 Kaizen 五条法则的是（　　）。

A. 检查发生问题的对象　　B. 查找问题产生的真正原因

C. 立刻采取暂时性的措施　　D. 如果发生问题，首先分析

40. 实施持续改善时应遵循的原则不包括（　　）。

A. 丢掉对工艺原有的僵化的看法　　B. 不找借口，对现有方法质疑

C. 要对 Kaizen 活动花钱　　D. 集合大家的意见而不仅仅是个别人的主意

三、多选题（本题型所包含的每道小题都有不止一个正确答案，请选出你认为正确的答案，错选和多选者本小题不得分，少选但选项正确的可得到相应的分数。）

1. 生产进度控制的基本内容主要包括（　　）。

A. 准备进度控制　　B. 投入进度控制　　C. 工序进度控制

D. 出产进度控制　　E. 评估进度控制

2. 生产进度控制基本过程主要包括（　　）。

A. 系统准备　　B. 分配作业　　C. 测定差距

D. 处理差距　　E. 提出报告

3. 生产进度控制的通用措施是（　　）。

A. 培养进度管理人才　　B. 库存缓冲　　C. 抢修设备

D. 加班　　E. 培养多技能工

4. 在任何计划中都要兼顾质量、交期和成本三个重要指标要，这三者之间的关系是（　　）。

A. 质量上升将导致成本上升或者交期延长

B. 交期缩短将导致成本上升或者质量下降

C. 交期缩短将导致成本下降或者质量下降

D. 成本下降将导致质量下降或者交期缩短

E. 成本下降将导致质量下降或者交期延长

5. OPT 的主要措施内容是（　　）。

A. 识别约束　　B. 控制进入非瓶颈的物料　　C. 瓶颈约束

D. “缓冲器”的管理　　E. 考虑 OPT 的生产排序原则

6. OPT 的生产排序原则有（　　）。

A. 重要的是平衡能力

B. 制造系统的资源可分为瓶颈和非瓶颈两种

C. 瓶颈资源损失一小时相当于整个系统损失一小时

D. 产销率和库存量是由瓶颈资源决定的

E. 转移批量可以不等于甚至多数情况不应等于加工批量

7. TOC 的基本要点是（　　）。

A. 企业目标是在当前和今后为企业获得更多的利润

B. 一切妨碍企业实现整体目标的因素都是约束

C. 三项主要衡量指标，即有效产出、库存和运行费用

D. DBR 法和缓冲管理法

E. 定义和处理约束的决策方法

8. TOC 强调了（　　）方法，统称为思维过程。

A. 头脑风暴法　　B. 因果关系　　C. 驱散迷雾法

D. 苏格拉底法　　E. 爱因斯坦法

9. JIT 准时生产，其实质是保持物料流和信息流在生产中的同步，实现（　　）。

A. 恰当数量的物料　　B. 恰当的时候　　C. 进入恰当的地方

D. 恰当的工人　　E. 生产出恰当质量的产品

10. JIT 这种方法可以带来的好处是（　　）。

A. 提高销售额　　B. 减少库存　　C. 缩短工时

D. 降低成本　　E. 提高生产效率

11. 生产过程中的浪费现象有（　　）。

A. 设备的浪费　　B. 检查的浪费　　C. 操作的浪费

D. 加工的浪费　　E. 搬运的浪费

12. JIT 的目标是彻底消除无效劳动和浪费，具体要达到以下目标（　　）。

A. 质量目标，即废品量最低

B. 生产目标，即库存量、搬运、设备损坏最低

C. 时间目标，即提前期最短、准备时间最短

D. 效益目标即获取最大经济效益

E. 劳动生产目标，即最少人员完成最大作业量

13. 在 JIT 方式中，试图通过产品的合理设计，使产品易生产，易装配。具体方法有（　　）。

A. JIT 标准化生产　　B. 模块化设计

C. 设计的产品尽量使用通用件　　D. 设计的产品尽量使用标准件

E. 设计时应考虑易实现生产自动化

14. JIT 生产方式的基本目标以及实施这些目标的主要有（　　）手段和方法。

A. 信息共同化　B. 生产同步化　C. 生产均衡化

D. 弹性配置作业人数　E. 设备现代化

15. 看板上的信息通常包括（　　）。

A. 生产量、时间、方法、顺序　B. 运送量、运送时间　C. 运送目的地

D. 放置场所　E. 搬运工具

16. 看板的功能主要有（　　）。

A. 生产以及运送的工作指令　B. 将生产指令明晰化

C. 防止过量生产和过量运送　D. 进行“目视管理”的工具

E. 改善的工具

17. 在实际 JIT 系统中，根据需要和用途的不同，使用的看板可以分类为（　　）。

A. 半成品看板　B. 在制品看板　C. 领取看板

D. 临时看板　E. 产成品看板

18. 在制品看板包括（　　）。

A. 工序内看板　B. 工序间看板　C. 临时看班

D. 信号看板　E. 对外订货看板

19. 临时看板是在（　　）的时候所使用的看板。

A. 进行设备保全　B. 设备修理　C. 领取零件

D. 临时任务　E. 需要加班生产

20. 准时生产与大批量生产在以下方面存在不同（　　）。

A. 优化范围不同　B. 对待库存的态度不同

C. 业务控制观不同　D. 质量观不同

E. 对人的态度不同

21. 计划评审技术 PERT 利用网络分析制订计划以及对计划予以评价的技术。它能协调整个计划的各道工序，合理安排（　　），加速计划的完成。

A. 人力　B. 物力　C. 时间　D. 资金　E. 网络

22. 构造 PERT 图需要明确的三个概念（　　）。

A. 事件　B. 时间　C. 资金　D. 活动　E. 关键路线

23. 关键路线特点主要有（　　）内容。

A. 活动的持续时间决定项目的工期

B. 任何一个活动都是关键活动

C. 从始点到终点的项目路线中耗时最长的路线

D. 耗时是可以完成项目的最短的时间量

E. 活动是总时差最小的活动

24. Kaizen 方法的关键因素是（　　）。

A. 质量　　B. 所有雇员的努力　　C. 介入

D. 自愿改变　　E. 沟通

25. 质量管理方法中 PDCA 循环的步骤主要有（　　）。

A. 计划　　B. 做　　C. 检查　　D. 调整　　E. 再计划

26. Kaizen 以（　　）来达到企业的 QCD（质量、成本和交货期）目标。

A. 标准化　　B. 5S　　C. 4S　　D. 删减流程　　E. 消除浪费

27. 5S 的内容主要有（　　）。

A. 整顿　　B. 整理　　C. 清洁　　D. 检查　　E. 素养

28. Kaizen 持续改善法需遵循法则有（　　）。

A. 如果发生问题，首先去现场　　B. 检查发生问题的对象

C. 立刻采取暂时性的措施　　D. 查找问题产生的真正原因

E. 使应对措施标准化，以避免类似问题再次发生

29. 实施持续改善时应遵循的原则（　　）。

A. 考虑怎样可以做事情，而不是找出不做的理由

B. 不要追求完美，马上付诸实施，尽管只达到约定目标的 5%

C. 排除障碍，寻找解决方法

D. 问上五次“为什么”，并寻找真正的原因

E. Kaizen 的可能性是无穷无尽的

30. 持续改善活动程序包括（　　）。

A. 选择工作任务　　B. 深入分析数据　　C. 导入、执行对策

D. 不断修订　　E. 弄清当前的情况

四、情景问答题（请简要回答下面的问题）

1. A 企业为保证完成生产作业计划所规定的产品产量和交货期限指标，实施生产进度控制，请你谈一谈对生产进度控制的理解和基本内容。

2. B 企业为了衡量实现目标的业绩和效果，王经理根据约束理论（TOC）提出了三项主要衡量指标，即有效产出、库存和运行费用，请简述其基本内涵。

3. 国内某民营汽车生产厂生产大型客车，包括长途旅行客车和城市公共汽车等。由于客户根据其城市规模的要求，对客车和公共汽车的设计要求不尽相同，生产过程中很少有大批量完全相同的客车的生产任务，这家企业为了提高企业的生产效率，曾经参观了外资企业的汽车生产线。例如丰田汽车，希望能从中借鉴到有价值的管理方法，但是参观结束后的讨论会上，各部门经理有一个共识。那就是丰田公司的经验只能是在理论上借鉴，而不能有实质性的参考。请问为什么这些部门经理有这样的看法，你的观点是什么？

4. C 公司采用 JIT 生产方式，看板是最重要的管理工具，请你谈一谈看板的功能有哪些？

5. S 公司借助 PERT 计划评审法比较不同行动方案在进度和成本方面的效果，如何找到关键路线是项目管理者必须考虑的，请简要说明关键路线的特点。

6. 某加工型的企业，欲将 5S 作为基础并实施，于是制定有关 5S 标准并使每个岗位和个人都遵守，请简述 5S 的内容。

五、论述题

1. 试述 OPT、TOC、JIT 以及 PERT 的基本内容。

2. 试述准时生产方式和大批量生产方式之间的差别。

六、案例题

Kaizen 以标准化、5S 和消除“浪费（Muda）”，来达到企业的 QCD（质量、成本和交货期）目标，如下图所示。标准化、5S 以及消除“浪费（Muda）”这三种活动是企业建立起高效、成功和扁平化的工作现场结构的基础。因为实现它们并不需要复杂的工艺和特别宽的知识面，所以易于理解和导入。但是，如何使员工树立起自律性并将它们不断推向前进却是困难之所在。

请你谈一谈持续改善的含义；并说明持续改善涉及的管理工具、手段和持续改善活动程序。

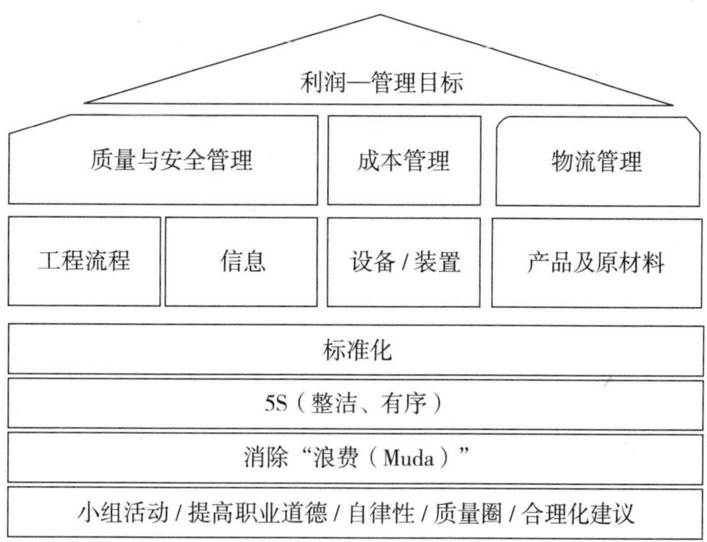

答 案 篇

单元1 概述习题答案

一、判断题（本题型所包含的每道小题都只有正确或错误的一种答案，你认为正确的请在答题卡对应的题号上涂A，错误的涂B。）

1. A 2. A 3. A 4. A 5. B 6. A 7. B 8. B 9. A 10. B 11. A 12. A 13. A

14. A 15. B 16. A 17. B 18. A 19. A 20. B 21. A 22. B 23. A 24. A 25. A

26. A 27. B 28. B 29. A 30. A 31. A 32. B 33. A

二、单选题（本题型所包括的每道小题只有一个正确答案，请在给出的选项中选出正确答案。）

1. D 2. B 3. C 4. B 5. C 6. A 7. C 8. B 9. A 10. B 11. C 12. A 13. B

14. D

三、多选题（本题型所包含的每道小题都有不止一个正确答案，请选出你认为正确的答案，错选和多选者本小题不得分，少选但选项正确的可得到相应的分数。）

1. ABCDE 2. ABCD 3. ACE 4. ABCDE 5. ABCDE

四、情景问答题

1. 答：

（1）生产物流是指对原材料、零部件与半成品在生产过程中的管理和计划，也涉及物料流和信息流，但是基本上不涉及资金流的管理，以满足生产需求为目的。

（2）生产物流不同于产成品的物流管理。生产物流一般是在企业的范围内完成，空间距离的变化不大，其主要目的是保障企业的生产活动顺利开展，它的关注点是生产本身，更多的服从于生产方式对它的制约与生产工艺和设备紧密联系。一旦企业生产工艺、生产装备及生产流程确定，企业物流也因而成了一种稳定性的物流，物流便成了工艺流程的重要组成部分。因此生产物流的可控性、计划性都很强，一旦进入这一物流过程，选择性及可变性便很小，对物流的改进只能通过对工艺流程的优化加以实现。

2. 答：

（1）在供不应求的时代，企业关注的主要内容一定是生产效率的提升，也就是管理学所涉及的内容。

（2）当供不应求渐变为供需平衡的时代，此时生产虽然依然重要，但是企业之间的生产管理的相对优势变得越来越不明显，此时必须通过良好有效的市场营销手段来扩大企业的优势，所以营销时代也就来临了。

（3）到了 20 世纪 80 年代，市场被细分至几乎到了碎片的程度，在碎片化的市场中，没有地理细分的市场需求变得越来越不确定，同时由于市场竞争很多产品的寿命周期变得越来越短，这两个因素造成企业原来的方法和手段已不能适应市场发展的需要，企业必须关注和解决好产品与市场之间的衔接问题，也就是产品从产地输送到市场中的管理问题，也就是众多物流定义中的一个共性问题。

五、论述题

1. 答：（1）区别：生产物流是对原材料、零部件与半成品在生产过程中的管理和计划，涉及物料流和信息流，但是基本不涉及资金流的管理，以满足生产需求为目的。

销售物流是对产成品在流通领域的管理和计划，包括对物料流、信息流和资金流的管理，以满足消费者的需求为目的。

（2）联系：生产物流是销售物流的保障和前提条件，销售物流是使生产物流变现的手段。（以下自己展开论述）

2. 答：生产物流的职能包括：

（1）确定物料需求的时间和数量。

（2）确定所需物料的来源。

（3）物料的运输管理。

（4）物料的接收以及仓储管理。

（5）物料的库存计划和控制。

（6）生产线的物料配送的时间、数量和地点。

3. 答：生产物流的目标包括：将正确的产品，在正确的时间，以正确的方式，按照正确的数量，以正确的成本，送到正确的地方，交给正确的人。

六、案例题

答：（1）总体方案的提出：根据企业实际情况和生产需求，AB 公司的生产物流系统方案应明确以下方面的工作内容：

①建立物流信息系统和绘制物流流程图；

②确定原材料和零部件的包装方式；

③确定原材料和零部件的仓储方式；

④确定原材料和零部件的搬运方式；

⑤选择相应的物流设备；

⑥划分原材料和零部件的消耗点；

⑦绘制工位定置管理图；

⑧设计物流标识系统并制作物流卡片；

⑨确定最佳物流路线并确定物流人员组织方式；

⑩制定物流运作作业指导书。

（2）其中，某些工作可以沿用以往的成功方案，某些方面必须进行创新或改造设计，通过以上分析可以为方案的提出提供思路，主要可以提出以下三种预案。

预案一：基本保持原厂生产物流系统，按实际需求作零星技术改进。

预案二：对于生产物流系统的组织结构及方式不作大的改变，对于关键物流设备进行技术创新，对厂内搬运设备、生产线供料系统设备等进行重新设计，而对于仓库管理系统改造则在资金相对充足的情况下酌情考虑。

预案三：跟进国内外的先进生产物流模式，从系统的组织结构、方式、设备、人员上进行全面技术创新，特别是对生产流程需要进行再造，对生产线物流系统和仓库物流系统也需要重新设计、大幅度改造。但此预案不利之处是所需资金量巨大。最后，在根据实际情况对预案进行评价即可。

单元2 生产管理演变习题答案

一、判断题（本题型所包含的每道小题都只有正确或错误的一种答案，你认为正确的请在答题卡对应的题号上涂A，错误的涂B。）

1. A 2. A 3. B 4. A 5. A 6. A 7. B 8. A 9. A 10. B 11. A 12. A 13. A
14. A 15. B 16. A 17. A 18. A 19. A 20. B 21. A 22. A 23. A 24. A 25. B
26. A 27. A 28. A 29. A 30. A 31. B 32. A 33. A 34. A 35. B 36. A 37. A
38. A 39. A 40. B 41. B 42. A 43. A 44. A 45. B 46. B 47. A 48. A 49. B
50. B 51. B 52. A 53. A 54. B 55. B 56. A 57. A 58. A 59. B 60. A 61. A
62. A 63. A 64. A 65. A 66. B 67. A 68. B 69. A 70. A 71. A 72. A 73. A
74. B 75. A 76. A 77. A 78. A

二、单选题（本题型所包括的每道小题只有一个正确答案，请在给出的选项中选出正确答案。）

1. D 2. C 3. B 4. D 5. C 6. A 7. B 8. C 9. D 10. B 11. A 12. A 13. D
14. D 15. B 16. D 17. B 18. C 19. B 20. C 21. D 22. A 23. C 24. B 25. B
26. B 27. D 28. A 29. C 30. C 31. D 32. D 33. D 34. B 35. A 36. A 37. A
38. C 39. A 40. C 41. C 42. D 43. D 44. B 45. C 46. A 47. B 48. C 49. D
50. A 51. B 52. A 53. D 54. B

三、多选题（本题型所包含的每道小题都有不止一个正确答案，请选出你认为正确的答案，错选和多选者本小题不得分，少选但选项正确的可得到相应的分数。）

1. ABCDE 2. ABD 3. ABCD 4. ABCDE 5. ABC 6. ABCDE 7. BCD 8. ABCDE
9. ABC 10. ABCDE 11. DE 12. ACD 13. ABC 14. ABCDE 15. ABCDE 16. ABD
17. ACD

四、情景问答题

1. 答：EOQ 的管理手段并未过时，因为该模型适用于整批间隔进货，不允许缺货的存储问题。而实际业务当中并不是所有的供应链管理手段都能解决整批间隔进货和不允许缺货的问题。所以 EOQ 的管理手段在特定的环境下有它的适用性。

2. 答：（1）备货型生产是在对市场需求量进行预测的基础上，有计划地进行生产，产品有库存。按已有的标准产品或产品系列进行的生产，生产的目的是为了补充库存，通过成品库存随时满足用户需求。

（2）按订单装配是指在生产的最后阶段，用库存的通用零部件装配满足客户订单需求的产品。这些通用的零部件是在客户订货之前就计划、生产并储存入库的。收到客户订单后，就把它们装配成最终产品。

（3）按订单生产是指按用户订单进行的生产。用户可能对产品提出各种各样的要求，经过协商和谈判，以协议或合同的形式确认对产品性能、质量、数量和交货期的要求，然后组织设计和制造。

（4）按订单设计是指最终产品在收到客户订单后才能确定。接到订单后，才开始进行设计，并组织采购和生产，也被称为专项生产。这种方式支持客户化设计，批量小的需求，其设计工作复杂。

3. 答：流水生产是指生产对象按照一定的工艺路线顺序地通过各个工作地，并按照统一的生产速度完成工业作业的生产过程。其基础是由设备、工作地和传送装置构成的设施系统，即流水生产线。流水生产线是为特定的产品和预定的生产大纲所设计的；生产作业计划的主要决策问题在流水生产线的设计阶段中就已经做出规定。

4. 答：按订单设计必须有高度复杂的产品配置功能，能够支持有效的并行生产，支持分包制造，有车间控制与成本管理功能，高级的工艺管理与跟踪功能，多工厂的排程功能，有计算机辅助设计与制造功能（CAD/CAM）、集成功能与有限排程功能。

5. 答：生产物流与生产过程同步，是从原材料购进开始直到产成品发送为止的全过程的物流活动。生产物流的内容包括：①确定物料需求的时间和数量；②确定所需物料的来源；③物料的运输管理；④物料的接收及仓储管理；⑤物料的库存计划和控制；⑥生产线的物料配送的时间、数量和地点。

6. 答：（1）生产方式主要包括：备货型生产、按订单装配、按订单生产、按订单设计。

（2）该企业在条件具备的情况下最好采用按订单装配生产方式。因为按订单装配是指在生产的最后阶段，用库存的通用零部件装配满足客户订单需求的产品。这些通用的零部件是在客户订货之前就计划、生产并储存入库的。收到客户订单后，就把它们装配成最终产品。因此，按订单装配能以大批量制造的成本完成定制化的生产，且提前期较短。

7. 提示：从生产方式和生产工艺的类型和特点来回答。

五、论述题

1. 答：（1）按提前期采取不同，生产方式可分为按订单设计、按订单生产、按订单组装以及备货生产。

（2）备货型生产也称存货型生产或按库存生产，是在对市场需求量进行预测的基础上，有计划地进行生产，产品有库存。

（3）按订单装配是指在生产的最后阶段，用库存的通用零部件装配满足客户订单需求的产品。这些通用的零部件是在客户订货之前就计划、生产并储存入库的。收到客户订单后，就把它们装配成最终产品。

（4）按订单生产是指按用户订单进行的生产。用户可能对产品提出各种各样的要求，经过协商和谈判，以协议或合同的形式确认对产品性能、质量、数量和交货期的要求，然后组织设计和制造。例如，锅炉、船舶等产品的生产，属于订货型生产。

（5）按订单设计是指最终产品在收到客户订单后才能确定。接到订单后，才开始进行设计，并组织采购和生产，也被称为专项生产。这种方式支持客户化设计，批量小的需求，其设计工作复杂。

2. 答：（1）物流对生产系统的影响：①物流为生产的连续性提供了保障。②物流合理化将给生产系统带来难以预料的效益，因此物流是企业的第三利润源泉。③物流状况对生产环境和生产秩序起着决定性的影响——体现管理水平高低的标志。

（2）生产力的发展对物流的要求：①生产力水平很低时代，物流只是作为生产加工的附属活动而存在。②大批量生产时代，普遍采用自动化程度较高的流水生产线，物流趋向系统化、现代化。③当今社会多样化、小批量生产时代，采用多功能加工中心的柔性加工系统（FMS），物流趋向柔性化、信息化。

3. 答：（1）备货型生产是在对市场需求量进行预测的基础上，有计划地进行生产，产品有库存。按已有的标准产品或产品系列进行的生产，生产的目的是为了补充库存，通过成品库存随时满足用户需求。

（2）按订单装配是指在生产的最后阶段，用库存的通用零部件装配满足客户订单需求的产品。这些通用的零部件是在客户订货之前就计划、生产并储存入库的。收到客户订单后，就把它们装配成最终产品。

（3）按订单生产是指按用户订单进行的生产。用户可能对产品提出各种各样的要求，经过协商和谈判，以协议或合同的形式确认对产品性能、质量、数量和交货期的要求，然后组织设计和制造。

（4）按订单设计是指最终产品在收到客户订单后才能确定。接到订单后，才开始进行设计，并组织采购和生产，也被称为专项生产。这种方式支持客户化设计，批量小的需求，其设计工作复杂。

（5）流水生产是指生产对象按照一定的工艺路线顺序地通过各个工作地，并按照统一的生产速度完成工业作业的生产过程。其基础是由设备、工作地和传送装置构成的设施系统，即流水生产线。最典型的流水生产线是汽车装配生产线。

（6）离散制造的产品往往由多个零件经过一系列并不连续的工序的加工最终装配而成。离散制造中产品的生产过程通常被分解成很多加工任务来完成。

（7）项目生产是指在一定的约束条件下（主要是限定时间、限定资源），具有明确目标的一次性任务。

六、案例题

答：（1）按订单装配（Assemble - to - Order，ATO）是指在生产的最后阶段，用库存的通用零部件装配满足客户订单需求的产品。这些通用的零部件是在客户订货之前就计划、生产并储存入库的。收到客户订单后，就把它们装配成最终产品。当产品有许多可选特征，而客户又不愿等备料及生产所需的时间时，就可以采用这种生产计划方法。面向订单装配的生产组织方式是在接到客户订单后，将有关的零部件装配成客户所需的产品。面向订单装配的生产方式交货期短、库存水平低、基本没有成本库存，用较少的零部件库存来满足产品生产的需要；企业的资金占用少，制造成本低；并且可以提供给客户多样性和定制化的产品，在一定程度上满足了客户的个性化需求。

（2）戴尔通过按订单装配的大规模定制生产模式，利用现代化的网络技术将批量生产的低成本优势与个性化定制生产的高附加值优势完美地结合起来，这不仅降低了其库存成本，搜集到了顾客的需求信息，而且还大大提高了他们的满意度。戴尔通过建立一个超高效的供应链和生产流程管理，实现了即时生产和零库存，并且与供应商虚拟整合，构建了核心竞争力，而这一切都依赖于标准化的产品零部件设计和先进的信息技术平台。戴尔正在逐步转向全球范围的综合供应链管理，这样各生产工厂和供应商之间就形成了巨大的供应链体系，在全球范围内有效地实现了整合，使资源配置更加高效合理。面对竞争日益激烈的市场，企业要想在市场竞争中占得先机并持续发展，生产模式和管理思想的革新势在必行。戴尔公司面向大规模定制的供应链管理模式，对于国内企业来说是有一定借鉴意义的。

单元3　主生产计划习题答案

一、判断题（本题型所包含的每道小题都只有正确或错误的一种答案，你认为正确的请在答题卡对应的题号上涂A，错误的涂B。）

1. A　2. A　3. A　4. A　5. A　6. A　7. A　8. A　9. A　10. A　11. A　12. B　13. B

14. A　15. B　16. A　17. B　18. A　19. B　20. A　21. A　22. A　23. B　24. A　25. B

26. A　27. A　28. B　29. A　30. A　31. B　32. A　33. B　34. B　35. A　36. A　37. B

38. B　39. B　40. B　41. B　42. B　43. B　44. B　45. B　46. B　47. B　48. A　49. B

50. A　51. A　52. A　53. A　54. A　55. A　56. A　57. A　58. A　59. A　60. B

二、单选题（本题型所包括的每道小题只有一个正确答案，请在给出的选项中选出正确答案。）

1. D　2. A　3. C　4. C　5. D　6. D　7. D　8. C　9. A　10. B　11. C　12. A　13. B

14. C　15. D　16. A　17. C　18. C　19. B　20. D　21. B　22. D　23. A　24. A　25. B

26. D　27. A　28. D　29. A　30. D　31. B　32. D　33. A　34. A　35. A

三、多选题（本题型所包含的每道小题都有不止一个正确答案，请选出你认为正确的答案，错选和多选者本小题不得分，少选但选项正确的可得到相应的分数。）

1. ABCDE　2. ABCDE　3. ABCD　4. ABCDE　5. ABCD　6. AD　7. ABCDE　8. ABCDE

9. AC　10. AC　11. ABCD　12. DE　13. ABCD　14. ABCDE　15. ABCDE　16. AC

17. AE　18. BCDE　19. AB　20. ABCDE

四、情景问答题

1. 答：（1）主生产计划（MPS）是生产物流计划的核心内容，是生产物流计划和管理的依据。

（2）主生产计划就是预先建立的一份计划，由主生产计划员负责维护，以确定在每一具体时间段内生产多少数量产品的计划。主生产计划详细规定生产什么、什么时段应该产出，它是独立需求计划。

（3）主生产计划根据客户合同和市场预测，把经营计划或生产大纲中的产品系列具体化，使之成为展开物料需求计划的主要依据，起到了从综合计划向具体计划过渡的承上启下作用。主生产计划必须考虑客户订单和预测、未完成订单、可用物料的数量、现有能力、管理方针和目标等。因此，它是生产计划工作的一项重要内容。

2. 答：主生产计划包括以下几个方面，按照倒排序的顺序排列如下：

（1）订单数量：客户订单、库存订单、预测订单；

（2）产成品的交货日期；

（3）完工日期；

（4）主生产计划；

（5）工作中心、工作线路、产品的BOM清单、自制品和可用的库存量；

（6）生产排程（反馈调整主生产计划）；

（7）工作中心的开工和完工日期（自制件）、车间作业中心、加工管理系统（作业中心的开工和完工日期）；

（8）供货日期（外购件）：独立需求、物料需求计划（MRP）、物料库存、采购计划、采购管理系统。

3. 答：不管是EOQ经济订货批量的公式还是EPQ经济生产批量的公式，都是在完美的假设前提条件下才能应用，但是在企业的实践中这样的完美假设条件是很难达到的。所以不能教条地在实践中来使用这些模型，比较务实的做法是，把这两个模型当作知道企业实践的工具，我们要做的就是通过改善不断降低订购成本和备机成本来实现用多少被多少的最佳库存管理策略，也可以成为准时制（JIT）策略。

经济生产批量模型的假设条件：①对库存系统的需求率为常量，②一次订货量无最大最小限制；③采购、运输均无价格折扣；④订货提前期已知，且为常量；⑤用生产准备费用替代采购中的订货费用；⑥维持库存费是库存量的线性函数；⑦不允许缺货；⑧需要连续补充库存。

4. 答：编制主生产计划一般要经过以下步骤：

（1）根据生产规划和计划清单确定对每个最终项目的生产预测。

（2）根据生产预测、已收到的客户订单、配件预测以及该最终项目作为非独立需求项的需求数量，计算总需求。

（3）根据总需求量和事先确定好的订货策略和批量，以及安全库存量和期初库存量，计算各时区的主生产计划接收量和预计可用量。

（4）用粗能力计划评价主生产计划备选方案的可行性，模拟选优，给出主生产计划报告。

五、论述题

1. 答：企业会设定一个时间段，使主生产计划在该期间内不变或轻易不得变动，也就是说，使主生产计划相对稳定化，有一个“冻结”期。“冻结”的方法可有多种，代表不同的“冻结”程度。一种方法是，规定“需求冻结期”，它可以包括从本周开始的若干个单位计划期，在该期间内，没有管理决策层的特殊授权，不得随意修改主生产计划。另一种方法是，规定“计划冻结期”。计划冻结期通常比需求冻结期要长，在该期间内，计算机没有自主改变主生产计划的程序和授权，但计划人员可以在两个冻结期的差额时间段内根据情况对主生产计划作必要的修改。在这两个期间之外，可以进行更自由的修改。

2. 答：编制主生产计划（MPS）时要确定每一具体的最终产品在每一具体时间段内的生产数量。它所需要满足的约束条件首先是总量计划和批量计划。①总量计划：该约束条件包括两个方面：第一个方面是，每个月某种产品各个型号的产量之和等于总体计划确定的该种产品的月生产总量；第二个方面是，总体计划所确定的某种产品在某时间段内的生产总量（也就是需求总量）应该以一种有效的方式分配在该段时间段内的不同时间生产。②批量计划：与生产量有关的资源约束有若干种，例如设备能力、人员能力、库存能力（仓储空间的大小）、流动资金总量等。在制订主生产计划时，必须首先清楚地了解这些约束条件，根据产品的轻重缓急来分配资源，将关键资源用于关键产品。

3. 答：经济生产批量又称经济生产量。由于生产系统调整准备时间的存在，在补充成品库存的生产中有一个一次生产多少最经济的问题，这就是经济生产批量。在经济订货批量模型中，相关成本最终确定为两项，即变动订货成本和变动储存成本，在确定经济生产批量时，以生产准备成本替代订货成本，而储存成本内容不变。

经济生产批量模型的假设条件：①对库存系统的需求率为常量；②一次订货量无最大最小限制；③采购、运输均无价格折扣；④订货提前期已知，且为常量；⑤用生产准备费用替代采购中的订货费用；⑥维持库存费是库存量的线性函数；⑦不允许缺货；⑧需要连续补充库存。

经济生产批量公式：$EPS=\sqrt{\dfrac{2DS}{H\ (1-d/p)}}$

4. 答：在编制主生产计划时，应遵循这样一些基本原则。

（1）用最少的项目数进行主生产计划的安排。

（2）要列出实际的、具体的可构造项目，而不是一些项目组或计划清单项目。

（3）列出对生产能力、财务指标或关键材料有重大影响的项目。

（4）计划的项目应尽可能全面代表企业的生产产品。

（5）留有适当余地，并考虑预防性维修设备的时间。

（6）在有效的期限内应保持适当稳定。

六、案例题

答：（1）分析

生产部门以成本为目标，计划部门以交货期为目标，其次兼顾成本，首先部门目标存在矛盾。计划部门做计划，生产部门觉得受制约、不合意。如果把计划下放到生产部门，从计划人员的立场来看，有的觉得工作轻松了，交不了货完全是生产部门的责任，有的觉得权利被削弱，担心一放就乱。而从公司角度来看，计划和执行应该分开，计划部门做计划、搞协调；生产部门执行计划，专心完成任务。

计划收在上面，有利于统一管理，公司整体效果好，各车间库存可以最小化，缺点是公司生产计划部门要对车间生产能力及瓶颈非常清楚；计划放在下面，有利于车间现场组织，缺点是受车间管理者水平限制，车间生产随意性大。

目前，计划部门作为公司生产系统的指挥中心，不够强势，难以协调工程、采购、质量和生产部门。业务流程不顺，文件倒是一大堆，但都被束之高阁，规定和执行两张皮。各部门职责不清，易出现各部门推诿扯皮，踢皮球。这跟公司长年的工作习惯和企业文化有关，如果从根本上解决，首先需要公司领导身体力行和果断拍板。

（2）措施

目前手工状况下，计划收在生产计划部门和计划放到车间都不可避免有一些问题，放到车间也许问题会更多，而且与ERP系统集中控制的思想相悖。生产部门自己排计划，既当运动员，又当裁判员，公司计划部门更是无法监控。

建议计划还是由计划部门来排，同时给车间一定的自主权，这样也不失灵活，走顺以后再逐步细化主计划。可以在各车间分别安排一个计划员，隶属计划部门管理，他可以根据车间实际情况对计划进行细化和微调。其次，召开生产协调会或现场办公会，及时协调处理影响交期的各种问题，培养兼顾整体的思维习惯和协同作战的公司文化。

对由于自身原因不按公司计划安排生产，导致库存积压及客户抱怨的部门和人员给予处罚。最后，借助信息技术降低沟通成本，提升管理水平，导入 ERP 系统。ERP 系统建立企业信息共享平台，疏通企业供应链和生产环节，部门间人为协调工作将大幅减少。生产计划和采购计划由系统自动计算和编排，计划员一查系统便知哪些物料短缺，哪些产能不足，于是重点跟踪。计划部门的工作量会大幅减少，可以有更多精力去履行过程监督职责。

单元 4　采购与供应管理习题答案

一、判断题（本题型所包含的每道小题都只有正确或错误的一种答案，你认为正确的请在答题卡对应的题号上涂 A，错误的涂 B。）

1. A　2. B　3. A　4. A　5. B　6. A　7. A　8. B　9. B　10. A　11. A　12. A　13. A

14. B　15. A　16. B　17. B　18. A　19. A　20. B　21. A　22. A　23. A　24. A　25. B

26. A　27. A　28. B　29. A　30. B　31. A　32. A　33. A　34. B　35. A　36. A　37. A

38. B　39. A　40. A　41. A　42. B　43. A　44. A　45. A　46. A　47. B

二、单选题（本题型所包括的每道小题只有一个正确答案，请在给出的选项中选出正确答案。）

1. B　2. C　3. C　4. D　5. B　6. D　7. A　8. C　9. D　10. C　11. C　12. D　13. D

14. C　15. B　16. A　17. B　18. B　19. D　20. D　21. B　22. C　23. D　24. C　25. B

三、多选题（本题型所包含的每道小题都有不止一个正确答案，请选出你认为正确的答案，错选和多选者本小题不得分，少选但选项正确的可得到相应的分数。）

1. ABDE　2. AB　3. ABD　4. ABCD　5. BD　6. ABCDE　7. ABCD　8. ABCD

9. ABC　10. ABCE　11. ABCDE　12. ABCDE　13. AD　14. ABCD　15. ABCDE

16. ABCDE　17. ABCDE　18. ABCDE　19. ABCDE　20. ACE　21. ABCDE　22. BD

23. ABCDE　24. ABCDE

四、情景问答题

1. 答：①组建采购部门和制订采购策略；②明确需求；③进行供应市场分析；④制定供应策略；⑤进行供应商选择和评价；⑥获取与选择报价；⑦采购过程中的谈判技巧；⑧签署合同；⑨对合同和供应商关系进行管理；⑩进行国际物流管理；⑪管理库存；⑫进行绩效评价。

2. 答：①品牌与商标的描述；②供应商及行业编码；③样品描述；④产品详细的技术以及成本标准；⑤功能与性能的描述；⑥采用外部标准描述；⑦价值分析与价值工程。

3. 答：①战略一致性；②交往的便利性；③财务的稳定性；④交往的其他益处获得；⑤未来潜力；⑥采购价值。

4. 答：建立成功的物流外包关系的方法有：

（1）拟定物流外包战略；

（2）制订严格的物流服务提供商选择程序；

（3）明确定义企业物流外包的期望值；

（4）签订有效的物流外包合同；

（5）商定物流服务绩效标准和评价指标；

（6）明确物流服务规范与流程；

（7）发现并避免潜在的冲突点；

（8）与物流服务提供商保持有效沟通；

（9）建立绩效指标评价和协商沟通机制；

（10）激励与奖励物流服务提供商；

（11）建立和发展战略合作伙伴关系。

物流外包实施过程中的注意事项有：

（1）协助第三方物流服务提供商认识企业生产运营要求，推进双方多层面的交流互动；

（2）制订有物流服务提供商参与的、具体的、详细的、具有可操作性的物流外包工作计划和实施方案；

（3）建立合同执行过程中可能出现的冲突处置预案，规避各种外包风险；

（4）根据实际情况进行物流外包合同的调整与变更；

（5）保持物流业务和外包管理的可扩展性。

五、论述题

1. 答：适合分散采购的物料包括：

（1）小批量、单件、价值低、总支出在产品经营费用中所占比重小的物品；

（2）分散采购优于集中采购的物品，包括费用、时间、效率、质量等因素均有利，而不影响正常的生产与经营的情况；

（3）市场资源有保证，易于送达，物流费用较少；

（4）分散后，各基层有这方面的采购与检测能力；

（5）产品开发研制、试验所需要的物品。

分散采购的优点包括：

（1）能适应不同地区市场环境变化，商品采购具有相当的弹性；

（2）对市场反应灵敏，补货及时，购销迅速；

（3）由于分部拥有采购权，可以提高一线部门的积极性，提高士气；

（4）由于采购权和销售权合一，分部拥有较大权力，因而便于分部考核，要求其对整个经营业绩负责。

分散采购的缺点包括：

（1）部门各自为政，容易出现交叉采购，人员费用较大；

（2）由于采购权力下放，使采购控制较难，采购过程中容易出现舞弊现象；

（3）由于各部门或分店的采购数量有项，难以获得大量采购的价格优惠。

2. 答：评价供应商的基本流程包括：①评价要素及标准确定；②为评价要素设定权重和打分标准；③收集供应商的一手和二手信息；④信息分析；⑤进行供应商打分；⑥对供应商进行分级；⑦供应商的支持和培养。

供应商的等级分为：①认证供应商；②优秀供应商；③合格供应商；④首选供应商；⑤不合格供应商；⑥黑名单供应商。

3. 答：供应商管理库存，是一种在供应链环境下的库存运作模式。相对于按照用户发出订单进行补货的传统做法，它将多级供应链问题变成单级库存管理问题。VMI是以实际或预测的消费需求和库存量作为市场需求预测和库存补货的解决方法，即由销售资料得到消费需求信息，供货商可以更有效的计划、更快速的反应市场变化和消费需求。

4. 答：招标方式包括公开招标、选择性招标、谈判招标、两段招标。

（1）公开招标是指招标活动处于公开监督之下进行，通常要公开发表招标通告，凡愿意参加投标的公司，都可以按通告中的地址领取（或购买）较详细的介绍资料和资格预审表格，而参加了预审资格并经审查采纳的公司便可购买招标文件和参加投标。

（2）选择性招标又称邀请招标，招标人根据自己具体的业务关系和情报资料对客商进行邀请，通过资格预审后，再由他们进行投标。

（3）谈判招标又叫议标，由招标人物色几家客商直接进行合同谈判，谈判成功，交易即达成。它不属于严格意义上的招标方式。

（4）两段招标是指无限竞争招标和有限竞争招标的综合方式，先用公开招标，再用选择性招标。

六、案例题

答：(1）采购与供应管理主要有利润杠杆作用、资产收益率作用、信息源作用、营运效率作用、对企业竞争优势五个方面的作用。

（2）克莱斯勒公司如果采购工作没有做好，未能处理好与供应商的关系，就会导致采购成本过高、企业严重亏损等诸多问题。

（3）克莱斯勒公司理顺采购流程，采购成本会大大下降，这充分体现了采购的利润杠杆和资产收益率作用。采购流程改进以后，使得企业内部的信息的流通的质量和数量大为改善，提高了产品质量，以及供应链各方的满意度，充分体现了采购的信息源作用，同时，企业业绩的好转和竞争力的上升也是采购的营运效率作用和对企业竞争优势作用的体现。

单元5 生产物流计划习题答案

一、判断题（本题型所包含的每道小题都只有正确或错误的一种答案，你认为正确的请在答题卡对应的题号上涂A，错误的涂B。）

1. A 2. A 3. B 4. A 5. A 6. B 7. A 8. A 9. B 10. A 11. B 12. A 13. A 14. A 15. A 16. B 17. A 18. A 19. B 20. A 21. B 22. A 23. B 24. A 25. A 26. A 27. A 28. B 29. A 30. A 31. A 32. A 33. B 34. A 35. A 36. A 37. A 38. A 39. B 40. A

二、单选题（本题型所包括的每道小题只有一个正确答案，请在给出的选项中选出正确答案。）

1. C 2. C 3. A 4. A 5. D 6. A 7. C 8. B 9. C 10. D

三、多选题（本题型所包含的每道小题都有不止一个正确答案，请选出你认为正确的答案，错选和多选者本小题不得分，少选但选项正确的可得到相应的分数。）

1. ABCD 2. ABCDE 3. BCD 4. ABCDE 5. ABCDE 6. ABCE 7. ABC 8. ACDE 9. ABDE 10. BCD

四、情景问答题

1. 答：（1）一般来说，物料需求计划（MRP）的制订是遵照先通过主生产计划导出有关物料的需求量与需求时间，然后，再根据物料的提前期确定投产或订货时间的计算思路。MRP系统要正确计算出物料需求的时间和数量，特别是相关需求物料的数量和时间，首先要使系统能够知道企业所制造的产品结构和所有要使用到的物料。

（2）物料清单（Bill of Material，BOM）是MRP产品拆零的基础。为了便于计算机识别，必须把产品结构图转换成规范的数据格式，这种用规范的数据格式来描述产品结构的文件就是物料清单。物料清单必须说明组件中各种物料需求的数量和相互之间的组成结构关系，即它列出构成成品或装配件的所有部件、组件、零件等的组成、装配关系和数量要求。

2. 答：库存信息包括现有库存量、计划收到量、已分配量、提前期、订购批量、安全库存量。

现有库存量：是指在企业仓库中实际存放的物料的可用库存数量。

计划收到量：是指根据正在执行中的采购订单或生产订单，在未来某个时段物料将要入库或将要完成的数量。

已分配量：是指尚保存在仓库中但已被分配掉的物料数量。

提前期：是指执行某项任务由开始到完成所消耗的时间。

订购批量：在某个时段内向供应商订购或要求生产部门生产某种物料的数量。

安全库存量：为了预防需求或供应方面的不可预测的波动，在仓库中经常应保持最低库存数量作为安全库存量。

五、论述题

1. 答：倒序排产是计算开工日期及完工日期的一种方法，是指将 MRP 确定的订单完成时间作为起点，然后安排各道工序，找出各工序的开工日期，进而得到 MRP 订单的最晚开工日期。排产计算由合同的交货日期开始，进行倒序计算，以便确定每道工序的完工日期。

倒排工序的步骤包括：

（1）信息汇总。就是从已下达的车间订单文件和计划下达订单文件中得到订货量与交货期；从加工工艺文件中获得有关加工信息；从工作中心文件得到有关的排队时间信息。

（2）计算对工作中心能力的需求。此即计算每个工作中心的每道工序的作业时间，它等于整批的加工时间加上准备时间。

（3）计算工序的交货日期和开工期。采用倒排法，从项目的交货日期往前逐个推算出每道工序的交货期和开工期。推算的依据是提前期，提前期由作业时间、排队时间、移动时间等构成。

2. 答：（1）计算物料的毛需求量。即根据主生产计划、物料清单得到第一层级物料品目的毛需求量，再通过第一层级物料品目计算出下一层级物料品目的毛需求量，依次一直往下展开计算，直到最低层级原材料毛坯或采购为止。

（2）净需求量计算。即根据毛需求量、可用库存量、已分配量等计算出每种物料的净需求量。

（3）批量计算。即由相关计划人员对物料生产作出批量策略决定，不管采用何种批量规则或不采用批量规则，净需求量计算后都应该表明有否批量要求。

（4）安全库存量、废品率和损耗率等的计算。即由相关计划人员来规划是否要对每个物料的净需求量做三项计算。

（5）下达计划订单。即通过以上计算后，根据提前期生成计划订单。物料需求计划所生成的计划订单，要通过能力资源平衡确认后，才能开始正式下达计划订单。

（6）再一次计算。物料需求计划的再次生成大致有两种方式，第一种方式会对库存信息重新计算，同时覆盖原来计算的数据，生成的是全新的物料需求计划，第二种方式则只是在制定、生成物料需求计划的条件发生变化时，才相应的更新物料需求计划有关部分的记录。生成方式的选择要依据企业实际的条件和状况。

六、案例题

1. 答：一般来说，物料需求计划（MRP）的制订是遵照先通过主生产计划导出有关物料的需求量与需求时间，然后，再根据物料的提前期确定投产或订货时间的计算思路。MRP 系统要正确计算出物料需求的时间和数量，特别是相关需求物料的数量和时间，首先要使系统能够知道企业所制造的产品结构和所有要使用到的物料。

2. 答：物料清单（Bill of Material，BOM）是 MRP 产品拆零的基础。为了便于计算机识别，必须把产品结构图转换成规范的数据格式，这种用规范的数据格式来描述产品结构的文件就是物料清单。物料清单必须说明组件中各种物料需求的数量和相互之间的组成结构关系，即它列出构成成品或装配件的所有部件、组件、零件等的组成、装配关系和数量要求。

3. 答：倒序排产是计算开工日期及完工日期的一种方法，是指将 MRP 确定的订单完成时间作为起点，然后安排各道工序，找出各工序的开工日期，进而得到 MRP 订单的最晚开工日期。排产计算由合同的交货日期开始，进行倒序计算，以便确定每道工序的完工日期。

单元6　能力计划与系统布置习题答案

一、**判断题**（本题型所包含的每道小题都只有正确或错误的一种答案，你认为正确的请在答题卡对应的题号上涂 A，错误的涂 B。）

1. A　2. B　3. A　4. A　5. A　6. B　7. B　8. A　9. A　10. B　11. B　12. B　13. A　14. B　15. A　16. B　17. A　18. B　19. A　20. A　21. B　22. A　23. A　24. B　25. B　26. A　27. A　28. A　29. B　30. B　31. B　32. B　33. A　34. A　35. B

二、**单选题**（本题型所包括的每道小题只有一个正确答案，请在给出的选项中选出正确答案。）

1. B　2. C　3. C　4. A　5. B　6. C　7. D　8. D　9. D　10. D　11. B　12. A　13. B　14. C　15. D　16. C　17. B　18. D　19. C　20. B　21. B　22. D　23. C　24. B　25. D　26. C　27. B　28. A　29. D　30. C　31. A　32. A

三、**多选题**（本题型所包含的每道小题都有不止一个正确答案，请选出你认为正确的答案，错选和多选者本小题不得分，少选但选项正确的可得到相应的分数。）

1. ABC　2. ABCD　3. ABCE　4. BCDE　5. ABCDE　6. BCD　7. ABCDE　8. ABCE　9. ABCE　10. ABCE　11. BE　12. BCE　13. ABDE　14. BCD　15ABCD　16. ABCDE　17. ABCDE　18. ABCDE　19. ABDE　20. ABCE　21. ABCDE　22. BCE　23. ABC　24. ABCDE　25. ABCE

四、情景问答题

1. 答：（1）能力计划的三个关键要素是工艺线路、时间定额以及物资消耗定额。

（2）工艺路线也称加工路线，是描述物料加工、零部件装配的操作顺序的技术文件，是多个工序的组合。

（3）时间定额是完成一个工序所需的时间，它是劳动生产率指标。时间定额由基本时间、辅助时间、布置工作地时间、休息和生理需要时间和准备与终结时间组成。

（4）物资消耗定额是正确确定物资需要量，编制物资供应计划的重要依据，是产品成本核算和经济核算的基础。

2. 答：资源清单法包括以下步骤：

第一步：建立关键中心资源清单，以网络图为基础。

第二步：判定各时段能力负荷，为各关键路径活动指派资源。

第三步：生成粗能力计划。

第四步：分析各时段负荷因素。

第五步：调整生产能力和需求计划。

3. 答：（1）能力计划分为粗能力计划和细能力计划，前者又称产能负荷分析，后者又称能力计划。粗能力计划主要关注流程中的关键路径，细能力计划则是进一步关注关键路径活动的方面。

（2）粗能力计划是在闭环 MRP 设定完毕主生产计划后，通过对关键工作中心生产能力和计划生产量的对比，判断主生产计划是否可行；细能力计划是在闭环 MRP 通过 MRP 运算得出对各种物料的需求量后，计算各时段分配给工作中心的工作量，判断是否超出该工作中心的最大工作能力，并做调整。

（3）两个计划具有明显的区别：

①参与闭环 MRP 计算的时间点不一致，粗能力计划在主生产计划确定后即参与计算，而细能力计划是在物料需求计划运算完毕后才参与计算。

②粗能力计划只计算关键工作中心的负荷，而细能力计划需要计算所有工作中心的负荷情况。

③粗能力计划计算的时间较短，而细能力计划计算的时间较长，不宜频繁计算、更改。

4. 答：传统的系统布置设计（SLP 法）步骤如下。

（1）将研究工程布置问题的依据和切入点归纳为 P—产品、Q—产量、R—工艺过程、S—辅助部门、T—时间五个基本要素。

（2）采用 SLP 法进行企业总平面布置，首先对各作业单位之间的相互关系做出分析，包括物流和非物流的相互关系，经过综合得到作业单位相互关系表。

（3）根据相互关系表中作业单位之间相互关系的密切程度决定各作业单位之间距离的远近，安排各作业单位的位置，绘制作业单位位置相关图。

（4）将各作业单位实际占地面积与作业单位位置相关圈结合起来，形成作业单位面积相关圈；通过作业单位面积相关图的修正和调整，得到数个可行的布置方案。

（5）采用加权因素对各方案进行评价择优，并对每个因素进行量化以得分最多的布置方案作为最佳布置方案。

5. 答：在现代企业设施布置中直接应用SLP法进行设施布置设计存在以下问题：

①不适合现代企业的生产特点；②缺少物流战略规划；③缺少动态柔性；④SLP法缺少动线分析过程；⑤由于是手工布置易受主观因素影响。

6. 答：①在运用物料流向图法的过程中，具体包括工艺路线的绘制、制作从至卡片、适合性系数计算，选择最优方案；②根据各产品的加工过程编制工艺路线图来辅助进行工艺路线分析，然后绘制从至分析表；对每个设备或工序做一个卡片，将从至表中的数据填入卡片；③适合性系数是依据规定的相关接近原则，用物流量判定抽象布置方案优劣的标准；比较各方案的适合性系数，适合性系数大的方案较优；④有些情况下，还应参照模拟图按实际空间区域及设备大小制定出具体方案，然后从中综合选出最优方案。

五、论述题

1. 答：（1）能力计划的三个关键要素是工艺线路、时间定额以及物资消耗定额。

（2）工艺路线也称加工路线，是描述物料加工、零部件装配的操作顺序的技术文件，是多个工序的组合。

（3）时间定额是完成一个工序所需的时间，它是劳动生产率指标。

（4）物资消耗定额是正确确定物资需要量，编制物资供应计划的重要依据，是产品成本核算和经济核算的基础。制定物资消耗定额的基本方法有技术计算法、统计分析法、经验估计法。

（5）能力需求计划分为粗能力计划和细能力计划。粗能力计划关注流程中的关键路径，细节能力计划则进一步关注非关键路径活动。这两个计划是确保完成生产任务的前提下，对资源进行合理配置，提升生产效率，节约成本。

（6）所谓粗能力计划是指在闭环MRP设定完毕主生产计划后，通过对关键工作中心生产能力和计划生产量的对比，判断主生产计划是否可行；细能力计划又称详细能力计划，是指在闭环MRP通过MRP运算得出对各种物料的需求量后，计算各时段分配给工作中心的工作量，判断是否超出该工作中心的最大工作能力，并做出调整。

（7）两个计划具有明显的区别：①参与闭环MRP计算的时间点不一致，粗能力计划在主生产计划确定后即参与计算，而细能力计划是在物料需求计划运算完毕后才参与计算。②粗能力计划只计算关键工作中心的负荷，而细能力计划需要计算所有工作中心的负荷情况。③粗能力计划计算的时间较短，而细能力计划计算的时间较长，不宜频繁计算、更改。

2. 答：动线型 SLP 法与传统 SLP 法相比存在以下三点不同。

（1）设计基于的基础数据和背景资料不同。传统 SLP 法的设计基于 P—产品、Q—产量，R—工艺过程、S—辅助部门、T—时间 5 个基本要素。动线型 SLP 法主要依赖于 E—接收的订单、I—种类、Q—数量、R—流程、S—辅助部门和物流服务水平 T—时间安排、C—建造预算等要素。现代企业已从原来的推动式生产转为拉动式生产，故需要根据未来可能的订单或已接收的订单进行布置设计与传统 SLP 中基于生产计划的布置设计有着本质的区别。

（2）在程序上有所改变。针对现代企业的特点，在传统 SLP 法的程序模式上，加入了设施布置类型的确定、详细布置设计及动线分析阶段。在动线型 SLP 法中，我们首先强调设施布置类型的确定。确定了布置类型才能确定作业单位及作业单位间的相互关系。其次，评出可选布置方案后，我们建议重复使用综合关系法。对各作业区内部进行详细布置设计。然后进行动线分析，将空间的布置设计和物料搬运系统相协调，因为设施布置设计只有通过完善的搬运系统才能显示出其合理性。

（3）在动线型 SLP 法中，我们更强调设施布置设计的柔性。柔性是指系统适应环境变化或输八条件变化的能力。对于现代企业的设施布置设计来说其柔性体现在能够根据业务的繁忙程度，及时对现代企业的设施布置进行调整。

3. 答：所谓物料流向图法，是通过各单位之间物流量（物流强度）大小来确定物流之间移动的最合理顺序并依此进行厂内布置的一种方法。其目标是减少各生产环节间的交叉往返运输时间。在运用物料流向图法的过程中，具体包括工艺路线的绘制、制作从至卡片、适合性系数计算，选择最优方案。

（1）工艺路线：根据各产品的加工过程编制工艺路线图来辅助进行工艺路线分析，然后绘制从至分析表。所谓物流从至分析表就是加工的产品从一个工序（设备）运至另一个工序（设备）搬运量的汇总表。

（2）制作从至卡片：对每个设备或工序做一个卡片，将从至表中的数据填入卡片。卡片中的数据表示某设备或工序与其他设备或工序之间在加工工艺和物流量上的关系。

（3）适合性系数计算：适合性系数是依据规定的相关接近原则，用物流量判定抽象布置方案优劣的标准。规定原则与计算方法如下：①判断是否属于相关接近原则。相关接近原则是为判定卡片间位置关系满足接近要求的程度而决定位置关系的原则。并以此作为标准，对模拟布置图进行判定。原则规定如下：凡是卡片之间可直接连线的就认为物流畅通，满足接近要求，反之则不满足；②计算适合性系数。适合性系数是指满足接近原则的物流量占总物流量的比率。比率越高，方案越优。

（4）选择最优方案：比较各方案的适合性系数，适合性系数大的方案较优。有些情况下，有时还应参照模拟图按实际空间区域及设备大小制定出具体方案，然后从中综合选出最优方案。

六、案例题

答：动线型 SLP 法其程序模式大致分为八个阶段。

（1）资料搜集与分析阶段。资料的搜集与分析是现代企业设施布置设计的重要前提。

（2）确定设施布置类型。

（3）作业单位及作业活动分析。在对前述基础数据和背景资料分析的基础上，进而对现代企业主要的业务活动、作业的关联性及其大体作业流程进行分析，划分作业区域和作业单位。

（4）初步方案形成阶段。

（5）方案评估和选择阶段。对上一步形成的数个方案应用系统工程学、技术经济学或者计算机仿真的方法，从社会、经济、技术等方面对各方案进行的综合评价和方案评估，从中选择一个到两个可选方案进行详细设计。

（6）详细布置设计阶段对各作业区内部所使用的各种设施、设备器具、作业场所、车间通道等进行详细布置和安排。

（7）动线分析在此之前均是空间的合理布置设计，故在对一到两个可选方案进行详细布置设计后，有必要对现代企业的物流动线和人行动线进行分析，即物料搬运系统分析，并对最优方案进行调整、反馈修正，使其物流动线和人行动线具有最大的合理性和流畅性并使搬运方法和搬运手段合理化，以提高现代企业的运转效率。

（8）确定最佳布置方案。根据以上的动线分析，确定最佳布置方案实施。在实施过程中再对布置方案进行调整和进一步完善。

单元7　生产作业控制习题答案

一、判断题（本题型所包含的每道小题都只有正确或错误的一种答案，你认为正确的请在答题卡对应的题号上涂A，错误的涂B。）

1. A　2. B　3. A　4. B　5. B　6. A　7. A　8. B　9. A　10. A　11. B　12. B　13. A

14. B　15. B　16. B　17. A　18. A　19. A　20. B　21. B　22. A　23. B　24. A　25. B

26. B　27. B　28. A　29. B　30. A　31. B　32. B　33. B　34. A　35. B　36. A　37. B

38. A　39. A　40. A　41. B　42. A　43. B　44. B　45. A　46. B　47. B　48. A　49. A

50. B　51. B　52. B　53. A　54. B　55. B　56. A　57. A　58. A　59. A　60. A

二、单选题（本题型所包括的每道小题只有一个正确答案，请在给出的选项中选出正确答案。）

1. A　2. B　3. D　4. C　5. B　6. A　7. C　8. A　9. C　10. B　11. A　12. B　13. B

14. D　15. A　16. D　17. A　18. A　19. C　20. B　21. B　22. D　23. C　24. C　25. B

26. C　27. B　28. B　29. C　30. D　31. A　32. D　33. B　34. A　35. A　36. C　37. C

38. A　39. D　40. C

三、多选题（本题型所包含的每道小题都有不止一个正确答案，请选出你认为正确的答案，错选和多选者本小题不得分，少选但选项正确的可得到相应的分数。）

1. BCD　2. BCDE　3. BCDE　4. ABE　5. ABCDE　6. BCDE　7. ABCDE　8. BCD

9. ABCE　10. BCDE　11. ABCDE　12. ABC　13. BCDE　14. BCD　15. ABCDE　16. ACDE

17. BCD　18. AD　19. ABDE　20. ABCDE　21. ABCD　22. ADE　23. ABCDE　24. ABCDE

25. ABCD　26. ABE　27. ABCDE　28. ABCDE　29. ABCDE　30. ABCDE

四、情景问答题

1. 答：（1）生产作业控制，是在生产计划执行过程中，对有关产品生产的数量和期限的控制。其主要目的是保证完成生产作业计划所规定的产品产量和交货期限指标。生产进度控制是生产控制的基本方面，狭义的生产控制就是指生产进度控制。

（2）生产进度控制的基本内容主要包括：投入进度控制、工序进度控制和出产进度控制。其基本过程主要包括：分配作业、测定差距、处理差距、提出报告等。

（3）生产进度控制贯穿整个生产过程，从生产技术准备开始到产成品入库为止的全部生产活动都与生产进度有关。习惯上人们将生产进度等同于出产进度，这是因为客户关心的是能否按时得到成品，所以企业也就把注意力放在产成品的完工进度上，即出产进度。

2. 答：TOC 的三项衡量指标，即有效产出、库存和运行费用。有效产出，指企业在某个规定时期通过销售获得的货币；库存，指企业为了销售有效产出，在所有外购物料上投资的货币；运行费用，指企业在某个规定时期为了将库存转化为有效产出所花费的货币。运行费用包括了除材料以外的成本，库存保管费也属于运行费用。

3. 答：丰田公司采取的是准时制的生产方式，这种生产方式主要是解决企业生产过程中的各种浪费问题，目的是消灭一切无效的劳动和浪费。而汽车生产厂面临的问题是如何解决不同客户的不同需要问题，是如何提高生产效率的问题。因此，丰田公司的经验只能作为理念上的借鉴，而不能有实质性的参考。

（1）JIT 生产的环境：市场需求多样化，进入了多品种、中小批量生产的时期；产品质量越来越要求高。

（2）JIT 生产目标：①质量目标：废品量最低；②生产目标：库存量最低、搬运量低；认为：库存是生产系统设计不合理、生产过程不协调、生产操作不良的表现。③时间目标：准备时间最短、生产提前期最短。

（3）JIT 的支持手段：生产同步化，生产均衡化、弹性配置作业人数。

（4）JIT 生产方式需要的环境：追求生产过程的合理性、高效性、灵活多样性、减少浪费，生产适应各种需求的高质量产品。生产管理水平要高，工人素质要好，团队意识要强，献身精神要浓，物流水平要高，市场供应要平稳。一般要有专门的第三方物流公司为其服务，国内的生产管理与物流环境远远未能达到 JIT 生产的要求。

4. 答：看板的功能有：①生产以及运送的工作指令；②防止过量生产和过量运送；③进行“目视管理”的工具；④改善的工具。

5. 答：（1）关键路线上的活动的持续时间决定项目的工期，关键路线上所有活动的持续时间的总和为项目的工期。

（2）关键路线上的任何一个活动都是关键活动，其中任何一个活动的延迟都会导致整个项目完成时间的延迟。

（3）关键路线是从始点到终点的项目路线中耗时最长的路线，因此要想缩短项目的工期，必须在关键路线上想办法。

（4）关键路线的耗时是可以完成项目的最短的时间量。

（5）关键路线上的活动是总时差最小的活动。

6. 答：5S 的内容是：①整顿，即把不必要的东西清除出现场；②整理，即把留下的东西归类；③清洁，即对设备及周围环境进行彻底清洁；④检查，即运用上述三项原则并注重自身行为；⑤素养，即自觉性。

五、论述题

1. 答：（1）OPT（最佳生产技术）是一种改善生产管理的技术。OPT 的主要内容有：识别约束，瓶颈约束，“缓冲器”的管理，控制进入非瓶颈的物料，OPT 的生产排序原则。

（2）TOC（约束理论）提出了在制造业经营生产活动中定义和消除制约因素的一些规范化方法，以支持连续改进。TOC 基本要点有：企业是一个系统，其目标是在当前和今后为企业获得更多的利润；一切妨碍企业实现整体目标的因素都是约束；为了衡量实现目标的业绩和效果，TOC 打破传统的会计成本概念，提出了三项主要衡量指标，即有效产出、库存和运行费用；DBR 法和缓冲管理法；定义和处理约束的决策方法。

（3）JIT（准时生产，又译实时生产系统）其实质是保持物料流和信息流在生产中的同步，实现以恰当数量的物料，在恰当的时候进入恰当的地方，生产出恰当质量的产品。这种方法可以减少库存，缩短工时，降低成本，提高生产效率。JIT 哲理的核心是：消除一切无效的劳动与浪费。

（4）PERT（计划评审技术）利用网络分析制订计划以及对计划予以评价的技术。它能协调整个计划的各道工序，合理安排人力、物力、时间、资金，加速计划的完成。在现代计划的编制和分析手段上，PERT 被广泛地使用，是现代化管理的重要手段和方法。

2. 答：准时生产方式和大批量生产方式之间的差别如下。

（1）优化范围不同

大批量生产方式源于美国，是基于美国的企业间关系，强调市场导向，优化资源配置，每个企业以财务关系为界限，优化自身的内部管理。而相关企业，无论是供应商还是经销商，则以对手相对待。

精益生产方式则以产品生产工序为线索，组织密切相关的供应链，一方面降低企业协作中的交易成本，另一方面保证稳定需求与及时供应，以整个大生产系统为优化目标。

（2）对待库存的态度不同

大批量生产方式的库存管理强调“库存是必要的恶物”。精益生产方式的库存管理强调“库存是万恶之源”。精益生产方式将生产中的一切库存视为“浪费”，同时认为库存掩盖了生产系统中的缺陷与问题。它一方面强调供应对生产的保证，另一方面强调对零库存的要求，从而不断暴露生产中基本环节的矛盾并加以改进，不断降低库存以消灭库存产生的“浪费”。基于此，精益生产提出了“消灭一切浪费”的口号。追求零浪费的目标。

（3）业务控制观不同

传统的大批量生产方式的用人制度基于双方的“雇用”关系，业务管理中强调达到个人工作高效的分工原则，并以严格的业务稽核来促进与保证，同时稽核工作还防止个人工作对企业产生的负效应。

精益生产源于日本，深受东方文化影响，在专业分工时强调相互协作及业务流程的精简（包括不必要的核实工作），消灭业务中的“浪费”。

（4）质量观不同

传统的生产方式将一定量的次品看成生产中的必然结果。

精益生产基于组织的分权与人的协作观点，认为让生产者自身保证产品质量的绝对可靠是可行的，且不牺牲生产的连续性。其核心思想是：导致这种概率性的质量问题产生的原因本身并非概率性的，通过消除产生质量问题的生产环节来“消除一切次品所带来的浪费”，追求零不良。

（5）对人的态度不同

大批量生产方式强调管理中的严格层次关系。对员工的要求在于严格完成上级下达的任务，人被看作附属于岗位的“设备”。

精益生产则强调个人对生产过程的干预，尽力发挥人的能动性，同时强调协调，对员工个人的评价也是基于长期的表现。这种方法更多地将员工视为企业团体的成员，而非机器。充分发挥基层的主观能动性。

六、案例题

答：（1）Kaizen 方法最初是一个日本管理概念，指逐渐、连续地增加改善。Kaizen 意味着改进，涉及每一个人、每一环节的连续不断的改进：从最高的管理部门、管理人员到工人。

Kaizen 的关键因素是：质量、所有雇员的努力、介入，自愿改变和沟通。

（2）管理工具有 PDCA/SDCA 循环。计划（Plan）就是为了达到改善的目标而制定目标或行动计划。做（Do）就是按计划执行工作。检查（Check）就是检验工作是否按计划被执行，并朝所预定的方向发展。调整（Adapt）就是指通过对新的工作步骤的标准化来避免原问题的重复发生，并为下一步的改善制定目标。

（3）持续改善的手段。

①标准化：为了达到企业的 QCD 目标，企业必须合理利用一切可用资源，对人员、信息、设备和原材料的使用，每天都需作出计划，利用关于使用这些资源的标准有助于提高计划的效率，如果在计划的执行中出现问题或偏差，企业领导就应及时找出问题的真正原因，并将现有标准修改或完善以避免问题的再次出现，标准是 Kaizen 的固定组成部分，它为进一步完善提供基础。

②5S：整顿、整理、清洁、检查、素养。

③消除“浪费”。过量生产引起的浪费；库存引起的浪费；次品/返工引起的浪费；动作（行动）的浪费；生产中的浪费；等待所产生的浪费；运输过程中的浪费。

④遵循 Kaizen 五条法则：如果发生问题，首先去现场；检查发生问题的对象；立刻采取暂时性的措施；查找问题产生的真正原因；使应对措施标准化，以避免类似问题再次发生。

（4）持续改善活动程序：选择工作任务；弄清当前的情况；深入分析数据；在分析的基础上研究对策；导入、执行对策；观察并记录采用对策后的影响；不断修订；判断并决定下一步的行动。